Blandede

Historier fra Vendsyssel

Bind 7

En lokalhistorisk samling med fortællinger

skrevet og fortalt af tidligere og nu boende personer med relationer til Vendsyssel

Husk: Det, der sker i dag,

er historie i morgen

og sker det lige omkring os,

er det LOKALHISTORIE

Redaktion og layout: Jens Otto Madsen

Copyright © 2024: Jens Otto Madsen

Adresse:

Jens Otto Madsen

Lille Fiskerbanke 7

9493 Saltum

Mail: jensotto1946@hotmail.com

Hjemmeside: www.Vrensted-Historier.dk

Forlag: BoD · Books on Demand GmbH, In de Tarpen 42,

22848 Norderstedt, Tyskland

Tryk: Libri Plureos GmbH, Friedensallee 273,

22763 Hamborg, Tyskland

ISBN: 978-8-7430-5951-6

Dit ISBN lyder 9788743059516

Indholdsfortegnelse bind 7   side

Indholdsfortegnelse   bind 7   side

Forord

TAK

Jeg skylder en stor TAK til alle, der har bidraget med indlæg, historier, levnedsbeskrivelser, billeder m.m. til dette bogværk, som jeg har navngivet ”Blandede ”Historier fra Vendsyssel” – Bind 7”.

Det glæder mig også, at du har købt bogen. Jeg håber, den vil leve op til dine forventninger.

Det er en stor glæde for mig, at disse fortællinger bliver gemt i bogform. Næsten alle har en historie at fortælle og det skal gøres inden det er for sent. Derfor er jeg specielt glad for den første historie i bind 1 på side 8 der nemlig fortæller om historien der aldrig blev fortalt.

God Læselyst

De bedste hilsner - Jens Otto

Historien om **Pap Henry**

HENRY BENT NIELSEN, alias "Pap Henry".

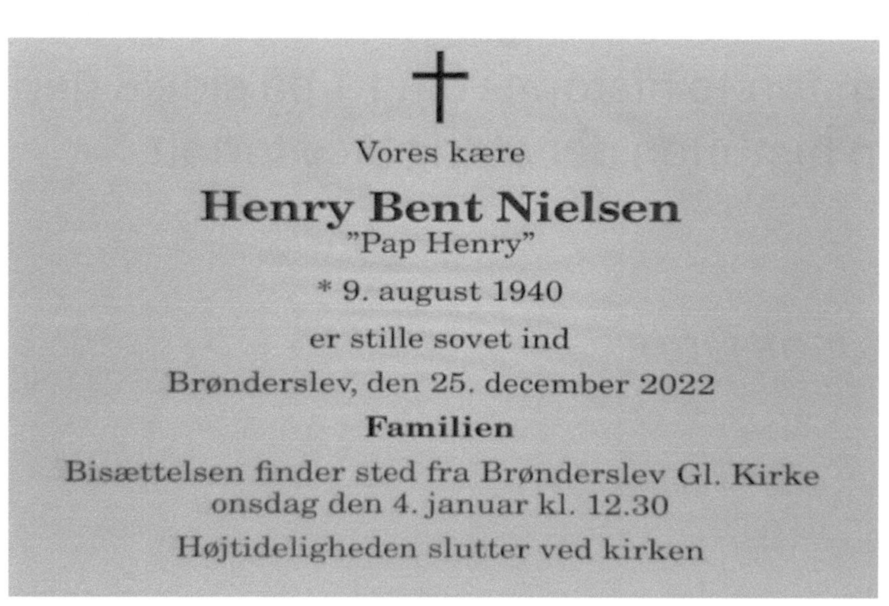

En hyldest til Pap Henry.

For mig vil Pap Henry altid være en særlig del af Brønderslevs historie. Jeg glemmer aldrig synet af ham, når han han kom gående lidt foroverbøjet med sin cykel med flade dæk og som barn var jeg selvfølgelig lidt bange for ham -men efterhånden som jeg faldt i snak med ham, fandt jeg ud af at han faktisk havde hovedet godt skruet på og at han var et venligt og imødekommende menneske.

Jeg husker en af mine samtaler med ham, hvor jeg spurgte ham hvad han mon gik og drømte om, hvis han kunne gøre præcis som han ville og efter et øjebliks eftertænksomhed, svarede han, **at det var at lave sit hus om til et fristed for hvor alle var velkomne, høj som lav og at man kunne få saft og kage for en femmer**

En meget beskeden drøm, må man sige.

Jeg er ikke i tvivl om at han ville sin by og sine medmennesker det bedste og gjorde en stor forskel i bybilledet med hans arbejde og tilstedeværelse. Nu får han en særlig plads på mit papir såvel som i hjertet

Hvil i fred Henry

Sign. Aas Mathiesen

Her Henry komme slæbende med sin cykel lastet med pap

Alt tyder på, at "pap-Henry" var en venlig mand, som gjorde stor nytte og skabte glæde hos mange af Brønderslevs borgere.

Af de mange beskeder på FB i forbindelse med Henrys død, så fortæller de, at han var kendt af rigtig mange og at han var en fast del af Brønderslevs bybillede.

"Pap Henry" havde fundet noget, - et arbejde han kunne lide og fandt nyttigt – således at han kunne klare dagen og vejen, nemlig **"at indsamle brugt pap"**, som han solgte til genbrugs virksomheder.

Tit så man Henry i Bybilledet komme trækkende med en overbelæsset cykel, dækket til med pap og "papkasser".

En god ven af Henry og familien har været behjælpelig med oplysninger og har godkendt denne historie om Pap-Henry, en historie om en person som har gjort meget for sin by, trods de bump han har fået gennem sit liv:

Henry Nielsen kendt som Pap-Henry, han var en kendt mand i Brønderslev. Han havde gennem mange år været en fast del af gadebilledet i midtbyen. **Men nu er han ikke mere.**

Han var vel det man kalder en original og anderledes end de fleste. Folk lagde mærke til ham - blandt andet på grund af det tøj han gik i.

Henry har gennem mange år indsamlede pap til genbrug i Brønderslev. Og mens han gjorde det, var der også plads til at hilse på folk og dem som henvendte sig til ham.

Pap-Henry. Han blev 82 år.

Han blev indlagt på sygehuset i Hjørring den 24.12.2022 - juleaften sent og han sov stille ind om morgenen første juledag. Et for ham sikkert godt liv, var ikke mere. Han havde i flere år døjet med nyresvigt og forskellige andre ting.

Da det rygtedes at Pap-Henry var død, begyndte der på Brønderslev FaceBook siderne at komme forskellige hilsner. Der kommer en lind strøm som:

"Ære være dit minde, Henry"

"Tak for dit arbejde for Byen"

"Du var et godt menneske"

"God rejse"

o.s.v.

Der blev fortalt små hændelser som folk havde oplevet i forbindelse med Pap-Henry, når han samlede pap ind eller kom trækkende med sin ofte overlæssede cykel.

Flere fortæller også, at de havde været lidt bange for ham, da de var små. Han var jo anderleder i tøjet, nok ikke lige hvad man var vant til at se for et barn, han kunne godt ligne en farende svend eller en hjemløs, når han gik rundt i sit lasede tøj og slæbte rundt på sin cykel, der ofte var læsset med store bunker af sammenpresset pap. Men når man så kom til at snakke med ham, fandt man jo ud af, at han var meget rar. Han gjorde ikke nogen fortræd.

Poul Erik Andreasen formand i Brønderslev Lokalhistoriske Arkiv er nok den, der har været tættest på Pap-Henry.

Han fortæller: "Henry blev født i Østergade 24. Vi voksede op i samme gade - kun tre huse fra hinanden. Han var en dejlig dreng at være sammen med - så vi har haft mange gode stunder sammen.

Pap-Henry var en flittig dreng - og allerede fra en meget ung alder havde han job en række forskellige steder. Han kørte blandt andet brød for en bager, han var bydreng for en købmand - og senere kom han også i lære som gørtler hos "Jensen og Bregnhøj".

- Han havde altid noget at rykke i. Og derfor havde han også råd til at købe en knallert kontant, da han var 16 år. Det var der ikke mange unge, der kunne dengang - men det kunne Henry.

Han har altid sat en ære i at passe det, som han har haft med at gøre. Han var for eksempel meget punktlig og meget afholdt, da han var i lære som gørtler. Hans arbejde var altid i orden".

Pap-Henry har aldrig været, som folk er flest. Og nogle gange blev det udnyttet af omgivelserne.

Poul Erik Andreasen fortæller også, at da Pap-Henry efter sin tid som gørtler skulle aftjene værnepligt hos flyvevåbnet, skulle han en weekend komme hjem til Brønderslev og være sammen med Poul Erik Andreasen - men Pap-Henry dukkede aldrig op.

Da jeg så senere spurgte, hvorfor han ikke var kommet hjem, så fortalte Henry, at han havde fået mulighed for at tjene en 50'er ved at arbejde. Soldaterkammeraterne havde betalt ham for at pudse på en jetjager hele weekenden. Og de havde sagt til ham, at jo blankere jetjageren blev, jo hurtigere kunne den flyve, fortæller Poul Erik Andreasen og tilføjer:

Det var synd, når der var folk, der behandlede ham sådan".

Alligevel så det på det her tidspunkt ud til, at Pap-Henry kunne have fået et liv som så mange andre. Men senere i soldatertiden tog hans liv en drejning - og det skete en dag lidt udenfor Brønderslev.

For at undgå sammenstød med en anden bilist kørte Pap-Henry sin bil i grøften. Og da politiet efterfølgende blev tilkaldt, viste det sig, at han havde været påvirket af alkohol.

- Han plejede ellers aldrig at drikke alkohol, hvis han skulle køre, forklarer barndomsvennen Poul Erik Andreasen.

Politiet tog pladerne på bilen - og Pap-Henry mistede sit kørekort på grund af spirituskørslen. Det var flovt og nærmest ubærligt for Pap-Henry, der var baptist.

Der er ikke mange der har kendt til denne historie, som indtil nu kun været kendt af de nærmeste – og det tog hård på Henry.

Det slog ham helt ud. Hvis han ikke havde mistet kørekortet på den måde, så tror jeg faktisk ikke, at det var gået så tragisk, som det gik.

Men det slog simpelthen klik for ham - og væltede vel på en eller anden måde læsset, mener Poul Erik Andreasen.

Pap-Henry havde efterfølgende flere indlæggelser på psykiatriske afdelinger. Og Poul Erik Andreasen havde opfattelsen af, at barndomsvennen ikke altid blev behandlet godt, mens han var indlagt.

Han ændrede karakter efter indlæggelserne. Han fik førtidspension, men han havde heller ikke længere lyst til at få et normalt arbejde.

Selv med den manglende tilknytning til arbejdsmarkedet så var der stadigvæk brug for Pap-Henry. Han supplerede sin offentlige forsørgelse ved at tjene lidt penge på at samle pap, jern og andre materialer, som der kunne genanvendes. Og han satte en stor ære i at gøre sit arbejde ordentligt.

Det betød, at han blev sådan en person, der gik og ryddede op alle steder.

Fra Brønderslev Kommune blev der også lagt mærke til hans indsats for byen. Han fik en anerkendelse for sin indsats. Det var i 2001, da den daværende borgmester Lene Hansen indbød ham til frokost på Rådhuset og gav Pap-Henry en dåse tobak og en ny pibe, som påskønnelse for sin indsats for byen, med at indsamle brugte pizzabakker i byens gader.

Ved den lejlighed fastslog Pap-Henry dog, at pizzabakkerne bestemt ikke var nogen guldgrube for ham.

Men Pap-Henry har udtalte: "jeg synes, at jeg har en forpligtelse til at holde byen ren".

Det var vigtigt for ham, at holde byen ren, men han havde ikke samme opfattelse af ligesom at holde sig selv så ren og ordentlig, hans tøj var hullet og beskidt - og i hans hjem så det ikke meget bedre ud.

Han tiltrak sig en del opmærksomhed, fordi mange mennesker havde ondt af ham. Men han levede livet, som han selv ville, fortæller barndomsvennen Poul Erik Andreasen.

Det betød blandt andet, at en knallert var opstaldet i dagligstuen.

Han var meget glad for at køre på knallert, og specielt var han glad for mærket Zundapp. Knallerterne var samtidig også hans ømme punkt, og på et tidspunkt fik han stjålet en knallert. Så i lang tid havde han en knallert stående i sin stue - for at passe på den.

Selv om Pap-Henry som regel var sød og venlig, så kunne han også reagere kontant i andre tilfælde.

En gang var der én, der kom med noget tøj til ham - men han blev overfuset af Henry, for han skulle sandelig ikke tro, at han ikke havde råd til tøj, husker Poul Erik Andreasen.

 Men andre gange så kunne han også godt finde ud af bare at sige tak, hvis folk ville give ham tøj. Derefter gik han tit hjem og smed tøjet i skraldespanden, for han var tilfreds med det tøj, han havde i forvejen.

Og på den måde valgte Pap-Henry det liv, som han helst ville have. Sådan er i hvert fald opfattelsen hos de nærmeste.

Familien har blot måttet acceptere, at det var det liv, som Henry ville have. Det skulle man ikke lave om på. Han havde sin egen vilje og sin egen måde at gøre tingene på - og det synes jeg jo bare, at man måtte respektere, fortæller broderen Jens Grønbech.

1994 - Henry i køkkenet på Hotel Phønix

2001 - sammen med borgmester Lene Hansen hvor han har fået en belønning

for sin indsats for renholdelse af Brønderslev by. Belønning var smørrebrød

med borgmesteren samt tobak og en ny pibe.

Familien ønsker i forbindelse Henry`s død, at sende en tak til den kommunale hjemmepleje. Familien oplevede, at de ansatte var gode til både at hjælpe og at snakke med Pap-Henry i hans sidste år.

Hjørring Amts Andels Svineslagteri

Hjørring Amts Andelssvineslagteri. Datering: 1900

Hjørring Amts Andels Svineslagteri blev oprettet i 1891, efter at bestyrelsen for Hjørring Amts Landboforening havde rejst spørgsmålet i 1887. I 1887 var der udbrudt svinepest i Danmark. Konsekvensen var den, at myndighederne indførte et forbud mod at indføre svin til Tyskland på grund af smittefare.

Derfor måtte man heller ikke føre svin fra en egn af landet til en anden. Som et resultat af svinepesten faldt svinenoteringen til 18 øre pr. pund. Da landmændene opdagede at den betaling, som de fik udbetalt, var for lav i forhold til de engelske flæskepriser, opstod tanken om at oprette andelsslagterier med bønderne som ejere.

Landboforeningen indbød <u>landstingsmand P. Bojsen</u>, der havde været
fortaler for et andelsslagteri i Horsens til møder i blandt andet Hjørring
i 1888. Efterfølgende holdt man møde i Forsamlingsbygningen, for at
finde ud af, om der var interesse for et andelsslagteri, eller om man
skulle leje det private Hjørring Slagteri. Det sidste synspunkt havde
landboforeningens formand Tutein. Men en afstemning blandt de
fremmødte viste, at 90 stemte for et nyt slagteri, og en stemte imod
forslaget. Slutteligt blev der nedsat et udvalg, der skulle arbejde videre
med oprettelsen af et slagteri.

Opskæring af svin på Hjørring Amts Andelssvineslagteri.

Efter at der havde været afholdt møder rundt omkring i landsdelen i
januar 1889 arrangeret af det nedsatte udvalg, der arbejdede med
oprettelsen af et andelsslagteri, begyndte tegningen af garanter og
andelshavere. Den 6. april var man kommet så langt med planerne, at
man kunne påbegynde bygningen af andelsslagteriet, når man havde
fået tegnet en årlig levering af 20.000 svin. Det gav problemer. Ved et

møde den 21. september manglede der aftaler om levering af 6000 svin. Det blev derfor besluttet, at man ville prøve at nå de 6000 leveringer eller at indgå en aftale med udvalget for Aalborg Amt. Sandsynligheden for at andelsslagteriet blev placeret i Aalborg var stor.

Derfor søsatte redaktøren for Vendsyssel Tidende, redaktør Vilhelm Carlsen en agitationskampagne i avisen til støtte for opførelsen af et andelsslagteri i Hjørring. Den 7. februar 1889 oplyste udvalget bag andelsslagteriet, at der var tegnet aftaler om 21.376 svin og en garantisum på 281.000 kr.

Bestyrelsen fandt en egnet grund syd for banelinjen ved Bispensgade. Prisen var 9000 kr. Slagtningerne begyndte den 10. januar 1891, og prisen for opførelsen var 113.714,69 kr. Der var tilknyttet en halv snes butiksudsalg til slagteriet. Der var blandt andet butiksudsalg i Stokbrogade, Strømgade og Bispensgade.

Udsalgene blev lukket i 1970'erne. Det sidste udsalg, der blev lukket, var udsalget i Strømgade. Det blev lukket den 24. april 1976. Slagteriets udsalg har eksisteret meget tidligt, idet der i en annonce fra 1907 står, at "det anbefales at medbringe tallerken eller fad, da det kogte flæsk ikke kan indpakkes i papir".

Besættelsesårene satte også sit præg på slagtningerne på Hjørring Amts Andels Svineslagteri. For eksempel havde slagteriet følgende annonce i Hjørring Bladet den 14. januar 1942: "Vi anbefaler vore Kunder i By og på Land at prøve kaninkød til Erstatning for andet Kød. Det faas hver uge fra Torsdag i vore Butiker Stokbrohus og

Bispensgade 14." Endvidere aftog slagteriet fjerkræ, får, fjordlam og vædderlam i 1942 og 1943.

I efteråret 1965 led planerne om sammenslutning af de fem slagterier i Hjørring, Frederikshavn, Sæby, Brønderslev og Vrå skibbrud, men bestyrelserne ved slagterierne i Frederikshavn og Hjørring fortsatte forhandlingerne om et tættere samarbejde.

Personalet ved Hjørring Amts Andelssvineslagteri. Datering 1930-1940

Vendsyssel Tidende skrev den 4. december 1965, at der var stort flertal blandt andelshaverne ved slagterierne i Frederikshavn og Hjørring for at samle de to slagterier. I Frederikshavn stemte 98% for og i Hjørring var tallet 84,6 %. En af betingelserne for fusionen var, at andelshaverne ved Frederikshavn Slagteri skulle forpligte sig til at 80% af slagtningerne fandt sted i Hjørring, og at Frederikshavn Slagteris lejemål på havnen kunne forlænges fra 1971 til 1984.

Efter fusionen blev slagteriet i Frederikshavn omdannet til pølsefabrik.

I 1970 fusioneredes Frederikshavn og Hjørring med Brønderslev og Sæby under navnet <u>Wenbo</u>. Da slagteriet i Frederikshavn ikke kunne få fornyet sine lejemål med Frederikshavn Havn i 1971, blev produktionen af pølser flyttet til Brønderslev og slagteriet i Frederikshavn blev lukket.

I 1985 fusionerede slagteriet Wenbo med Sundby til Sundby/Wenbo, og i 1990 blev Sundby/Wenbo fusioneret med Østjyske og Tulip til <u>Danish Crown</u>. Den 19. januar 2005 oplyste Nordjyske Stiftstidende, at Danish Crown ville lukke slagteriet i Hjørring.

Det havde hidtil været planen at stoppe med slagtninger og opskæring i Hjørring, men udbening forsvandt også i den nye plan. Slagteriet i Hjørring blev endegyldigt lukket i sommeren 2005, og omkring 500 slagteriarbejdere mistede deres arbejde. I dag ligger butikscenteret Bispetorv hvor slagteriet lå.

Kilder:

1. *Hjørring historie nr. 45, Historisk Arkiv, <u>Vendsyssel historiske Museum</u>*

Historien om papirhandler Harald C.R. Thomsen
– gennem et langt og engageret liv.

Harald Christian Richard Thomsen (1918-2019)

I Brønderslev omtalt som Harald C.R. Thomsen. I over fire årtier år drev han en forretning med papir og kontorartikler foruden lædervarer i Nygade i Brønderslev, deltog aktivt i foreningslivet i Brønderslev bl.a. Grænseforeningen og Foreningen Norden m.fl.

Min kære far, vores elskede morfar og oldefar

Harald C. R. Thomsen

Født den 30. Maj 1918
er efter et godt, langt og engageret liv
sovet stille ind på Hjørring Sygehus
den 1. November 2019

Du vil altid være i vore hjerter
Hella, børnebørn, svigerbørn og oldebørn

Begravelsen finder sted 11/11 kl. 11.00
i Brønderslev Gamle Kirke

Harald Thomsen blev født den 30. maj 1918 i landsbyen Hundelev i den nord- vestlige del af Vendsyssel midt mellem Løkken og Hjørring og voksede op på en mindre gård som den næstyngste af en søskendeflok på seks. Allerede som toårig fik han konstateret polio i sit højre ben, men det lagde ikke bånd på hans appetit på livet.

Hans forældre drev gården sammen, og de havde både grise og køer, "og så var der selvfølgelig heste til arbejdet i marken". Hans forældre havde begge gået på Kvissel Højskole i den lille stationsby af samme navn lidt nordvest for Frederikshavn, og med sig derfra havde de et nært forhold til salmebogen og Højskolesangbogen og en interesse for det sønderjyske spørgsmål.

Mit første minde om Grænseforeningen er fra midten af 1920'erne. Vores lærer havde fået nogle Dybbøl-mærker tilsendt. Så han må jo have været engageret i Grænseforeningen på en eller anden måde, men jeg ved ikke præcis hvordan. Jeg var bare en lille dreng, men jeg husker tydeligt, at han kom med de der mærker og spurgte, om vi kunne tænke os at gå ud og sælge nogle af dem. Så var vi en flok drenge, der gik rundt i sognet og solgte Dybbølmærker. Vi blev taget godt imod, for man kendte hinanden, og mange var meget optaget af spørgsmålet om danskhed og Sydslesvig i de år, for det var jo lige efter Genforeningen", siger Harald Thomsen, der hedder Christian Richard til mellemnavn.

"Jeg ved ikke, om mine forældre var medlemmer af Grænseforeningen, men jeg fornemmede, at de ligesom andre i sognet var optaget af, hvordan det danske mindretal syd for grænsen kunne klare sig, og hvordan man kunne støtte dem. Jeg tror ikke, at de var med ved genforeningsfesten på Dybbøl Banke i 1920. Men jeg husker, at de talte om det, og som barn syntes jeg, at det var vældig spændende. Siden kom jeg på Halvorsminde Ungdomsskole ved Hjørring, hvor lærerne og forstanderne var meget interesserede i det grænsepolitiske".

Inden Harald Thomsen kom på ungdomsskole, havde han mistet sin mor.

"Jeg fik selv en alvorlig lungebetændelse som 12-årig, som lægen sagde, at det var heldigt, at jeg overlevede. Året efter døde min mor af lungebetændelse, og min ældste søster, som ellers skulle ud at tjene, måtte blive hjemme i nogle år og hjælpe min far med at holde hus og tage sig af os mindre søskende", fortæller han. "Så jo, det er egentlig heldigt, at jeg overhovedet nåede at blive voksen", tilføjer han.

Han tog præliminæreksamen fra gymnasiet i Rønde. Derfra flyttede han til Aarhus for at gå på Den jyske Handelshøjskole, hvorfra han tog handelseksamen i 1938. Derefter gik turen til Toftlund i Sønderjylland, hvor han arbejdede som kontorassistent hos et derværende firma et års tid.

DET UNGE GRÆNSEVÆRN

Han erindrer ikke med sikkerhed, hvordan det gik til, at han besluttede at blive medlem af Grænseforeningen, udover at det faldt naturligt som en fortsættelse af hans engagement i Det unge Grænseværn (DuG), en fællesorganisation for de eksisterende ungdomsforeninger i Sønderjylland, der blev stiftet i 1934 med det formål at være et fælles værn og en styrkelse af dansk-nordisk ånds- og kulturliv i grænselandet. I april 1933 besluttede repræsentanter for ungdomsorganisationerne ved et møde i Aabenraa at samarbejde på tværs, og efter et gymnastikstævne i Tønder med 10.000 deltagere måneden efter og et møde på Dybbøl med 40-50.000 deltagere dannede man DuG. I løbet af få år opnåede DuG stor tilslutning over hele landet, og i 1939 var der 30.000 medlemmer, der samledes til foredrag, idræt, folkedans, vandreture, husflids- kurser m.m.

Harald C.R. Thomsen fik kendskab til DuG kort efter organisationens grundlæggelse, mens hans boede i Rønde. I studieårene var han aktiv i DuG, som i 1940 skiftede navn til Dansk-nordisk ungdomsforbund, og i 1942 var han med til at stifte en lokalafdeling af Foreningen Norden i Brønderslev. Omtrent samtidig meldte han sig ind i Grænseforeningen. I 2017 kunne han således – som den eneste, der havde været med fra begyndelsen – deltage i fejringen af 75-års jubilæet for Foreningen Norden i Brønderslev og blev ved samme lejlighed udnævnt til æresmedlem. Året efter blev han ligeledes udnævnt til æresmedlem af Grænseforeningen for Vendsyssel.

"Det nordiske og det sønderjyske har fulgtes ad for mig. Mit engagement i Grænseforeningen har ikke haft noget direkte med mine egne erfaringer fra grænselandet at gøre", siger han.

TOFTLUND VED ET TILFÆLDE

Harald C.R. Thomsens familie havde ikke som sådan nogen relation til grænselandet. Men to af hans brødre kom i landbrugslære i Sønderjylland, den ene i Bevtoft, den anden i Toftlund, og Harald Thomsen var nede og besøge dem begge. Da han havde fået sin handelseksamen, ville han gerne blive boende i Aarhus, men da der ikke umiddelbart var nogle stillinger at få, søgte han andre steder i landet. På et tidspunkt så han en annonce i Berlingske Tidende om en kontorassistentstilling. Så vidt han husker, fremgik det ikke, hvor i landet virksomheden lå, men han søgte om stillingen, og da han blev ringet op af direktøren og tilbudt jobbet, viste det sig, at der var tale om et firma i Toftlund i Sønderjylland.

"Så på den måde kom jeg til Toftlund, som jeg jo kendte lidt til fra min ene brors ophold dernede. Jeg havde ikke tænkt på at søge derned, og jeg havde altid vidst, at landbruget ikke var mit gebet. Som lille blev jeg ramt af polio, og selv om jeg slap nogenlunde billigt fra det, betød det, at jeg ikke kunne lave det samme fysiske arbejde på gården som mine søskende. Jeg havde en lille have med grøntsager, som jeg nød at dyrke. Jeg har også selv anlagt haven her", siger Harald C.R. Thomsen og peger ud i den velplejede have, hvor der på terrassen står krukker med blomster i mange farver.

"Men ellers har jeg altid mest været til noget med papirer", siger han med et blik på de sirligt ordnede bunker af papirer, han har fundet frem.

Der er notater om hans foreningsarbejde, breve, avisudklip og andre papirer, der dokumenterer hans mangesidede virke. Også en gæstebog, som blev indviet, da han blev gift med sin Karen den 29. december 1944 og er ført op til hans 100-års fødselsdagsfest sidste år, har han fundet frem. Fra tiden i Toftlund har han ikke mange papirer, for opholdet varede kun et års tid. Men han nåede at få et vist indblik i stemningen i grænselandet mindre end to årtier efter Genforeningen.

TELEFONCENTRALEN VAR STADIG TYSK

"Jeg bemærkede, at der var forskel på, hvor nationalt interesserede folk var, og jeg husker, at telefoncentralen, som direktørens hustru bestyrede, endnu ikke var kommet ind under Jysk Telefon, men stadig var under tysk administration", siger han.

Vi skal blive ved med at betragte os som ét samfund, selv om vi bor på hver sin side af grænsen.

Efter et år i Toftlund blev Harald Thomsen tilbudt en stilling som kontorassistent hos Pedershåb Maskinfabrik i Brønderslev, hvor han arbejdede frem til 1944. Fra krigsårene husker han især en episode, hvor den lokale tyske kommandant spærrede hele Brønderslev og Hjørring af og lukkede for lys, gas og vand i tre døgn som reaktion på sabotage mod jernbanen.

"Jeg sad sammen med nogle venner og lyttede til en batteridrevet radio for at op- snappe meldinger fra Sverige og London. En af mine venner skrev referater af det, og så lavede vi et blad, Brønderslevkureren, inde på mit kontor og delte det ud i byen", siger Harald CR Thomsen.

Det var under krigen han mødte sin hustru, Karen. "Jeg var inviteret til indvielse af et sommerhus i Lønstrup, som nogle af mine venner havde bygget. Karen var ung pige i huset hos naboen og blev inviteret med til festen. Næste dag gik vi på besøg hos hende, og da jeg så den kærlighed, der var mellem hende og de to børn i familien, faldt jeg for hende. Jeg har altid været meget glad for børn", siger han og udpeger de nyeste billeder af sine oldebørn, som står på et bord i det åbne køkkenalrum.

Han og Karen flyttede ind i en lejlighed i Vestergade i Brønderslev i januar 1945, efter at de var blevet gift i al hast. "Dengang kunne man ikke få en lejlighed, hvis man ikke var gift, så selv om det egentlig ikke var planen, at vi ville gifte os på det tidspunkt, måtte vi jo få det arrangeret. Min svigerfar, som var tømrermester i Mygdal nord for Hjørring, ryddede sit værksted og lavede det om til en festsal, og så inviterede vi alle dem, der var plads til", fortæller han.

ÅBENT HUS FOR FORENINGERNE

Samme år havde han åbnet Harald CR Thomsen Kontor- og Papirvarehandel i centrum af Brønderslev,

Harald Christian Richard Thomsen (1918-2019)

hvor hans kone også hjalp til, og året efter fik de datteren Hella. Siden kom der to børnebørn og fire oldebørn til, der alle bor i københavnsområdet. Han har god kontakt med dem alle både ved højtider og i ferier. Som enkemand har han samlet familien til en stor fest hvert femte år.

"Da jeg fyldte 70 år, inviterede jeg til åbent hus om dagen – så var jeg sikker på ikke at glemme nogen af alle dem, jeg kender fra de tosset mange foreninger, jeg er medlem af – og til festmiddag om aftenen for familien og de nærmeste venner. Det har jeg gjort siden ved min runde og halvrunde fødselsdage, så da jeg fyldte 100 år, var det syvende gang, jeg markerede min fødselsdag på den måde", siger Harald C.R. Thomsen.

Til åbent hus-arrangementet dukkede mange af Harald C.R. Thomsens bekendte og venner fra foreningslivet op, ligesom viceborgmesteren i Brønderslev kom forbi og opfordrede Harald til at kigge en ekstra gang i postkassen efter fødselsdagspost. "Og så var der sørme kommet brev fra dronning Margrethe, som jeg læste op for gæsterne", siger han.

KARL OTTO MEYER KOM FORBI

På bogreolen i stuen står der biografier om så forskellige personer som kronprins Frederik, Nelson Mandela og Karl Otto Meyer (fhv. chefredaktør på Flensborg Avis og mangeårigt landdagsmedlem i Slesvig-Holsten for mindretalspartiet Sydslesvigsk Vælgerforening (SSW), red.) samt en erindringsbog, Hjertesprog, af sidstnævntes kone, Marie Meyer. Desuden bøger om kunst, kristendom, sydslesvigsk historie og lokalhistorie fra Vendsyssel.

"Karl Otto Meyer mødte jeg nogle gange via Grænseforeningen, og han har også været på besøg herhjemme hos mig. Han var en stor personlighed, som har gjort meget for danskheden i Sydslesvig, så ham var jeg glad for at få lov at møde", siger Harald Thomsen.

Han tilføjer, at han gennem årene har været på mange besøg i grænselandet, både i regi af DuG, på bilture med sin kone, datter og svigerforældre og på busture med Grænseforeningens lokalafdeling.

VI SKAL BETRAGTE OS SOM ÉT SAMFUND

Gennem tiden har han beklædt adskillige poster i Grænseforeningen, herunder formandsposten i lokalafdelingen i Brønderslev – i dag Grænseforeningen Vendsyssel – foruden en periode med sæde i hovedbestyrelsen for Grænseforeningen. Han blev formand for Grænseforeningen i Brønderslev i 1986 og var formand frem til 2015, hvor lokalforeningerne i Brønderslev og Vrå blev slået samen til Grænse- foreningen Vendsyssel, hvor Harald Thomsen sidder i bestyrelsen.

"Medlemstallet er faldet. Det synes jeg er meget beklageligt, for det er så vigtig en sag. Vi skal vise verden, at det er helt nødvendigt at enes om at gøre noget sammen.

Hele spørgsmålet om indvandring og grænser er imidlertid kompliceret og svært at have enkle holdninger til, synes Harald C.R. Thomsen.

"Jeg ved ikke, hvad jeg skal tænke om genindførelsen af grænsekontrollen. Det er vigtigt at have kontrol med grænsen, men om kontrollen skal være så barsk, som den er blevet, ved jeg ikke. Til gengæld er jeg ikke i tvivl om, at vi har brug for EU. Der er ganske vist en masse uro internt i EU, men det er helt nødvendigt at enes om at gøre noget sammen.”

HARALD C. R. THOMSEN er født 30. maj 1919 og har været medlem af både Grænseforeningen og Foreningen Norden i over 75 år. Han er som nævnt æresmedlem af lokalafdelingerne af begge foreninger og af flere andre foreninger i Brønderslev og omegn, som han har engageret sig i. Hans seneste æresmedlemskab er af Museumsforeningen for Vildmosemuseet.

“Brønderslev har i mange år været venskabsby med Tønning i Sydslesvig, så der har vi haft mange gode oplevelser. Jeg har stadig kontakt med gode venner dernede, og jeg havde håbet, at jeg kunne komme derned til genforeningsjubilæet, men det kan jeg nok ikke klare.

Det er vigtigt, at vi støtter danskerne i Sydslesvig i at bevare deres kærlighed til Danmark. Vi skal blive ved at betragte os som ét samfund, selv om vi bor på hver sin side af grænsen. Som danske har vi noget, som er værd at bevare. Jeg holder især af den nærhed, vi har til hinanden i Danmark. At man kommer sammen og hygger sig og respekterer hinanden. Jeg oplever det personligt her med mine naboer, som er nogle utroligt rare mennesker. Og heldigvis er der også mange eksempler på, at nye mindretal i Danmark bliver modtaget på en god måde, hvor de mødes med den stedlige befolkning og drikker kaffe og føler, at de er velkomne.

Foreningslivet var altid et afgørende omdrejningspunkt i Harald C.R. Thomsen liv, og med stort engagement og interesse var han medlem af mange foreninger. Det var I forbindelse med foreningens 75-

årsjubilæum i 2017, at han blev udnævnt til æresmedlem af foreningen.

Også grænseegnen interesserede Harald Thomsen meget, og han beklædte gennem en årrække adskillige poster i Grænseforeningen, herunder formandsposten i lokalafdelingen i Brønderslev – i dag Grænseforeningen Vendsyssel – foruden en periode, hvor han havde plads i hovedbestyrelsen for Grænseforeningen.

Fra 1989 blev han et aktivt medlem, også som bestyrelsesmedlem, af Støtteforeningen for Neuroenhed Nord – Brønderslev, hvor man genoptræner patienter med hjerneskader, og fra 2013 var han æresmedlem i foreningen og kommitteret til bestyrelsen.

I 1973 blev Harald Thomsen valgt ind i Brønderslev Menighedsråd, hvor han sad som medlem indtil år 2000. Han beklædte gennem 18 af de 27 år i menighedsrådet posten som formand. I sit lange virke her sad han også i en årrække som næstformand i provstiudvalget for Brønderslev Provsti. Desuden var Harald Thomsen i samme periode medlem af Stift Middeludvalget i Aalborg Stift.

Som 100-årig levede Harald stadig et aktivt liv, hvor han var engageret i foreningslivet og altid glædede dig til at tilbringe tid sammen med familie og nære venner. Familien bestod af en datter, to børnebørn og fire oldebørn.

Jubilæumsfest i 2017

Det er sjældent, at man oplever en 75-årig forening, der har et medlem, der har været med i alle årene. Men det kan Foreningen Norden i Brønderslev præstere. Harald C. R. Thomsen deltog i jubilæumsfesten, hvor han fortalte om tilblivelsen i 1942.

Der var en gruppe af initiativrige personer, der sluttede op om foreningen, fortalte han, at han var med i den allerførste bestyrelse, der blev dannet, sammen med en gruppe borgere.

Harald C.R. Thomsen sagde, at der nu som aldrig før er brug for Foreningen Norden, da der er mange aktuelle forhold, der kræver sammenhold. Det er helt enestående, at der ikke kræves pas for at komme mellem de fem nordiske lande. På den måde betragtes de fem lande nærmest som ét land.

Foreningen Norden i Brønderslev som noget helt unikt.

Det er en forening, der er lagt mærke til på landsplan. Vi var meget spændte på, hvad der skete med foreningen, da foreningens formand, overlærer Axel Schade, døde i 2013 efter 33 år på formandsposten, men den ny bestyrelse har løftet arven på fantastisk vis.

Han fortalte at Brønderslev Kommune har nære bånd til den svenske venskabsby Nässjö, hvor der jævnligt er besøg fra, ligesom der arrangeres besøg i Nässjö fra både Brønderslev Kommune og Foreningen Norden.

Brønderslev har stor glæde af dette samarbejde og påpegede, at det nordiske samarbejde er af stor betydning for Danmark

På grund af den forestående kommunalreform i Norge, er samarbejdet med Eidsberg Kommune gledet ud, men der arbejdes på at finde en ny venskabskommune, og at kommunen vil bakke op om dette initiativ.

En halv snes medlemmer fra Nässjö besøgte Brønderslev i tre dage i forbindelse med jubilæet.

Et besøg hos Harald C.R. Thomsen

Her fortæller Harald C. R. Thomsen at han var med til at udgive illegal avis i Brønderslev og var et af de sidste vidner til krigsårene i Brønderslev.

Mens der drikkes formiddagskaffe i den hyggelige stue i udkanten af byen, finder han et gulnet papir ud af en større bunke minder på sofabordet.

Papiret får ham til at tænke tilbage på, hvordan han oplevede besættelsesdagen, den 9. april 1940.

Det er jo forfærdeligt, og det gør ondt at se på, hvordan tyskerne vælter ind over Brønderslev og resten af landet, siger Harald C. R. Tomsen, når han mindes sine tanker på besættelsesdagen.

Luften vibrerer af dyb motorlarm allerede tidligt om morgenen, da snesevis af tungtlastede krigsfly kravler hen over den mørke himmel i større og mindre grupper.

Hitlers Luftwaffe er lastet med ydmygelser, undertrykkelse, lemlæstelse og død til både Danmark og Norge.

Nogle af flyene smider flyverblade ud over Brønderslev, og kort tid efter regner det ned med "Oprop", et papir, som Harald C. R. Thomsen viser frem mellem kaffekopperne på sofabordet.

Papiret opfordrer befolkningen til at holde sig i ro og samarbejde med tyskerne.

På det tidspunkt bor jeg i Fredensgade 1 i Brønderslev, og alle i byen er chokerede over synet på himlen. Jeg får det stadig helt dårligt, når jeg tænker på alt det tyske krigsmateriel, som også kommer til at rulle oppe på jernbanen. Og de tyske tropper, som pludselig tramper rundt i byen, fortæller Harald C. R. Tomsen, der som aktiv i Konservativ Ungdom godt nok går ind for både gud, konge og fædreland, men vel at mærke et fædreland uden tyske tropper.

Nej, KU er altså ikke tyskervenlig, og jeg kan der i 1940 ikke lade være med at tænke på, hvordan vi dog skal komme af med alle de tyskere og deres elendige krigsskrammel igen, husker Harald C. R. Tomsen, som først i 1940'erne har god medvind på det personlige plan.

Tosset med papir

Da krigen bryder ud, er jeg 21 år og arbejder som kontorassistent på Pedershaab Maskinfabrik, men da jeg så ser nogle ledige lokaler i Nygade, og den 1. november 1941 var det jeg åbnede min egen forretning med kontorartikler og papir, for jeg har altid været tosset med papir, fortæller Harald C. R. Tomsen.

Det skal senere vise sig at blive til stor nytte, da forretningen giver mulighed for aktiviteter, som ville have gjort byens tyske kommandant rasende – eller rettere sagt: Endnu mere rasende.

Høje brag i natten

Som en reaktion på de allieredes invasion i Frankrig den 6. juni 1944, begynder tyskerne at trække våben, ammunition og tropper fra nord mod syd.

Dermed bliver jernbanen mellem Frederikshavn, Sindal, Hjørring, Brønderslev og Aalborg ekstrem vigtig for tyskerne, og det gør de mange kilometer togskinner, lokomotiver og vogne til oplagte mål for modstandsbevægelsen.

Strækningen er da også udsat for sabotage flere gange i løbet af efteråret 1944, da modstandsfolk sender skinner og tog til himmels med høje brag i natten.

Den 22. september 1944 har en aldeles rasende tysk kommandant fået nok af de genstridige vendelboer.

Han lukker for lys, gas, telefoner og vand, og der er erklæret undtagelsestilstand med vagter på vejene i flere byer i Vendsyssel, husker Harald C. R. Tomsen, der ikke selv deltager i sabotageaktioner.

"Da jeg har haft Polio, også kaldet børnelammelse, som helt lille, har det for stedse ødelagt min evne til at gå og løbe normalt, og det dur ikke, hvis man skal være aktiv modstandsmand med sprængstoffer og våben", fortæller Harald C. R. Tomsen.

Men han er gode venner med en redaktør Svend Gjedsig, og alle i omgangskredsen er frustrerede over nu at være afskåret fra reelle nyheder, da de rasende tyskere gør det umuligt at distribuere de sædvanlige illegale aviser.

Hallo, her er London

I den periode sidder vi flere oppe på 1. sal i en bygning i Bredgade, hvor der nu er sundhedshus, og lytter til forbudt radio fra London og Sverige. Da den tyske kommandant afskærer byen fra omverdenen, er der behov for en illegal avis, og det er lige en opgave for Svend Gjedsig at organisere det praktiske, fortæller Harald C. R. Tomsen.

Flere af vi illegale radiolyttere sørger for at skrive nyhederne ned på papir, og så ryger "Brønderslev Kureren" i trykken på en trykkemaskine bagerst i min forretning, fortæller Harald C. R. Tomsen, der dog ikke selv er med til selve trykningen.

De borer et lille hul i et vindue i baggården, så de kan få vinduet haspet af og komme til at trykke avisen. Bagefter lægger de et pænt brev med tak for lån. Hvis tyskerne kommer ind i forretningen, vil det dermed se ud, som om forretningen intet har at gøre med sagen, husker Harald C.

R. Thomsen, mens han finder brevet frem og lægger det mellem kaffekopperne.

Han husker ikke længere de øvrige navne på initiativtagerne til "Brønderslev Kureren", kun at der nok foruden Svend Gjedsig deltager yderligere en tre-fire mand, og at "Brønderslev Kureren" udkommer under tyskernes afspærring af byen den 22., 24. og 26. september 1944.

Den udkom kun, mens der var lukket for gas, lys og vand. Da undtagelsestilstandens bliver ophævet igen, ophører bladet med at udkomme, for så kunne byens borgere igen modtage de ordinære illegale blade udefra, husker Harald C. R. Thomsen.

Jeg møder jo min dejlige Karen til en fest i et sommerhus i Lønstrup i 1944, og vi bliver gift den 29. december samme år. Det var en dejlig tid, mens vi lærer hinanden at kende, og det lykkes os også at få en lille lejlighed i Vestergade, men tyskernes besættelse er stadig forfærdelig, siger Harald C. R. Thomsen og lader blikket flakke mellem stuens fotos af familien og de gulnede papirer på bordet.

Helt glad er jeg jo først, da jeg hører i radioen den 4. maj 1945, at de tyske tropper har overgivet sig. Samme aften er der fest overalt. Folk løber rundt i gaderne og er vilde af glæde, husker Harald C. R. Thomsen, der selv i dag har svært ved at sætte ord på sine følelser på befrielsesdagen.

Det er altså svært at forklare. Jeg tror man skal have oplevet det, for at forstå de følelser, der er i spil. Det er bare så vidunderligt. Alle er der. Alle er glade, og der er faktisk kun en måde at beskrive det på: **"Det er en befrielse",** siger Harald C. R. Thomsen.

Som 67-årig og efter mere end 40 års ægteskab mistede han sin kone i 1985. Samme år afhændede han butikken. Det blev startskuddet til en meget aktiv tredje alder. Først erhvervede han sig kørekort som 67-årig, og i en alder af 74 år, valgte han at skifte lejligheden i bymidten ud med en andelsbolig med egen have nogle kilometer uden for centrum.

Mens uret kukker, lægger han de gulnede papirer tilbage i bunken.

Tidligere præst i Brønderslev Henning Christensen fortalte bl.a. ved Harald C.R. Tfølgendehomsens begravelse forsamlingen :

En oplevet hændelse fra en gang jeg besøgte Harald CR.

Thomsen i butikken i Nygade.

Det siger med få ord meget, om hvilken person Thomsen var.

"Han fortalte mig, at han havde sendt regnskabet fra butikken til skattevæsenet i Frederikshavn, men kunne ikke forstå, hvorfor han ikke havde fået det tilbage igen, for nu var der gåen ret lang tid, siden det blev afleveret.

Men så ringede de en dag fra momskontoret og undskyldte, at de ikke havde returneret regnskabet endnu, men de ville gerne beholde det lidt endnu, for som de sagde, så ville de bruge det for a vise andre, hvordan et regnskab skulle føres."

LandboNord arrangerer Hjørring Dyrskue

Hjørring Dyrskue har næsten 200 år på bagen

Fra Hjørringhistorier 38, Historisk Arkiv, Vendsyssel Historiske Museum

Hjørring Dyrskue har en historie, som går næsten 200 år tilbage i tiden. Ifølge Vendsyssel Historiske Museum & Historisk Arkiv, så stammer de første skriftlige kilder fra 1830'erne. Her blev der arrangeret præmiepløjninger for de landmænd, som udmærkede sig i den disciplin. Arrangøren var "Det Kongelige Danske Landhusholdningsselskab", som eksisterer den dag i dag. Formålet med pløjningerne var at bringe landmændene sammen, så de kunne lære af hinanden og få nye ideer til at blive mere effektive.

I 1845 blev "Hjørring Landøkonomiske Selskab" stiftet, og den første opgave blev at etablere et dyrskue. Derfor blev der bevilget 410 rigsdaler fra medlemskassen til dyrskuepræmier, så man den 16. oktober 1845 kunne afholde det første af slagsen. Hos Vendsyssel Historiske Museum & Historisk Arkiv kan man dog slå fast, at det ikke blev nogen succes. Vejene var i sådan en elendig stand, at landmændene havde svært ved at fragte deres dyr til dyrskuepladsen, som dengang var placeret i området, hvor Hjørring Gymnasium og Hjørring Seminarium ligger i dag. Derfor var der kun få dyr på skuet, så alle præmierne blev ikke uddelt. Om den lave deltagelse satte en frygt i livet hos arrangørerne, skal være usagt, men der er usikkerhed, om skuet overhovedet blev afholdt de efterfølgende to år. Der er i hvert fald ikke fundet nogen skriftlige kilder fra den tid 1846 og 47. Men i 1848 og 49 ved man med sikkerhed, at det blev aflyst på grund af treårskrigen mod Slesvig-Holsten. En krig som endte med, at Slesvig og Holsten løsrev sig fra Danmark.

I 1852 fik Hjørring Dyrskue en saltvandsindsprøjtning. En ny husdyrlov blev vedtaget, så det kunne fremme landbrugsforeningernes avlsarbejde. Loven betød, at staten gav økonomisk bidrag til præmiering af dyr på dyrskuer. Det betød samtidig, at interessen voksede, så flere dyr og mennesker blev samlet.

Dyrene er omdrejningspunktet på Hjørring Dyrskue

Siden 1845, da det første Hjørring Dyrskue blev holdt, er der sket en rivende udvikling af dyrskuet. Men ikke alt er lavet om, for det er stadig dyrene der er i centrum for dyrskuet. Der deltager dyr inden for kategorierne malkekvæg, kødkvæg, heste, får, kaniner, høns og andet fjerkræ.

Flere tusind skoleelever fra hele Nordjylland besøger Hjørring Dyrskue

Hvert år får tusindvis af nordjyske skoleelever og lærere en spændende oplevelse på Hjørring Dyrskue takket være den store indsats som de frivillige landmænd i Skolekontakten i LandboNord udfører.

Specielle tilbud til skoler

Dyreskole - et tilbud hos vores dyreunger.

Et tilbud til klasser med interesse i at komme lidt tættere på nogle af vores landbrugsdyr og få et første kendskab til håndtering, pasning og pleje. Der er 7 klasser, der kan deltage i dette og det varer maks. En ½ time pr. klasse. Tilbuddet tilpasses årgangen.

Kan du løbe elegant i dressur, kan du springe højt eller mestrer du ponygames med forskellige udfordringer og præcision. Kæphesteaktiviteter er for alvor blevet populære i Danmark.

Der er 5 klasser, der kan deltage i dette og det varer maks. én time pr. klasse. Tilbuddet tilpasses årgangen. Undervisningen forestås af Hjørring Rideklub.

Outdoor aktiviteter

I år kan I prøve kræfter med forskellige aktiviteter i naturen. Der er ti klasser, der kan deltage i disse workshops. De 5 af dem er henvendt til 1. til 2. klasse, og her kræver det aktiv deltagelse af lærerne.

Desuden er der en flok juniorjægere, som har gang i mange spændende udendørs aktiviteter og vil fortælle alle interesserede om de glæder, man har i naturen som jæger. Alt dette foregår i Outdoorområdet i pladsens vestlige område. Juniorjægerne er ikke en workshop.

Outdoor udstilling

Hjørring Dyrskue etablerede i 2017 et helt NYT område kun til Outdoor relaterede udstillinger. Vi ønsker at vores gæster kan få oplysninger om hvor og hvad, der kan opleves i naturen, og at de kan købe relevant grej til et aktivt udeliv.

Så er du til grilning, rygning, hundesport, fiskeri, jagt, cykling, vandreture, naturevents, rejser etc., så er der helt sikkert noget at opleve her.begrænsede pladser, så har det interesse, skal I være hurtige.

Besøg i klassen forud for skuet af en landmand

Der er mulighed for at klassen kan få besøg af en landmand ca. 1 uge før dyrskuet.

Lad børnene malke en ko, kærne smør og male korn til mel i Det Aktive Hjørne

Aktiviteter for børn

For langt de fleste børn er det en helt speciel oplevelse at komme tæt på dyrene på Hjørring Dyrskue. Her bliver alle sanserne bragt i spil. De kan høre dyrenes lyde, de kan lugte dem, de kan se dem, de kan røre ved dem, og de kan endda mærke, hvor varm mælkener, når den kommer direkte fra koen. Også de store maskiner imponerer børnene på dyrskuet, og på langt de fleste udstillinger har børnene mulighed for at komme ind i eller sidde på en af de store maskiner.

Udover dyr og maskiner bliver der også sat en stor ære i, at ingen børn kommer til at kede sig på dyrskuet. Nedenfor kan du læse mere om, hvilke aktiviteter børnene kan kaste sig over på Hjørring Dyrskue.

Det Aktive Hjørne

Det aktive Hjørne finder du i år i stald 1 og i et telt, som ligger langs med hegnet mod øst. Hvis du kommer ind ad hovedindgangen fra

Ålborgvej, så drejer du til højre og går skråt ned mod staldene, så kan du ikke undgå at møde Det aktive Hjørne.

I mellem Stald 1 og teltet er der en plads, hvor der også sker en masse ting, så som pedaltraktortræk eller bare kørsel på en pedaltraktor og sjove konkurrencer, som børnene kan udfordre hinanden i. I Det Aktive Hjørne kan man også prøve at håndmalke en ko, lave et reb, male korn, kærne smør, smede jern og meget mere. Alle vores frivilliger i Det Aktive Hjørne skal nok sørge for, at børnene ikke kommer til at kede sig her.

Drages du af benzin og store motorer, så er den 41.000 m2 store maskinudstilling lige noget for dig

På Hjørring Dyrskue bliver der udstillet et bredt udsnit af maskiner lige fra de helt store landbrugsmaskiner til havetraktorer og andre maskiner, der primært henvender sig til hobby-folket. Så uanset om man står over for en reel handel, eller om man blot drages af benzin og store motorer, så bliver der masser at fornøje sig med på de i alt næsten 41.000 m2, som maskinudstillingen fylder.

Ud over de mange nye maskiner, så er der hvert år en flot udstilling af veterantraktorer og maskiner. Udstillerne vil rigtig gerne fortælle om deres interesse for de gamle ting og især hvad de noget mindre maskiner er blevet brugt til, hvis ikke du selv kan se det.

Kom helt tæt på de mange hundrede dyr, der er udstillet på dyrskuet

Når landmænd fra hele Nordjylland udstiller deres dyr på Hjørring Dyrskue, repræsenterer de dansk landbrugs på fornemmeste vis - og de tager meget gerne en snak med publikummerne på dyrskuet om, hvad der lægges vægt på i udstillingen på dyrskuet.

På dyrskuet er der også rig mulighed for at komme helt tæt på køer, kalve, heste, får, høns og kaniner og i Det Aktive Hjørne, kan børnene få lov til at malke en ko og smage på mælken.

Hils på nuttede dyreunger

Du kan atter se og røre ved nogle små dyreunger i Stald 1/Dyreskole. Du kan prøve at trække en kalv og en pony. Du kan få en snak med hjælperne om det at have dyr. Vi håber det atter bliver et tilløbsstykke og at børnene får en god oplevelse af at komme så tæt på de tillidsfulde dyreunger.

På Hjørring Dyrskue finder du også eksempler på mindre produktioner på landet. Det kan fx være Aloe Vera forhandler, malerier, glaskunst o.l. Endelig er der også en række områder inden for husflid, der bliver præsenteret. Det kan fx være knipling, strik, bogbinding og trædrejning.

Gamle teknikker i nye klæder

Vendsyssel Husflid udstiller på Hjørring Dyrskue.

Der er 12 stande, der alle er bemandet, så der er mulighed for at følge arbejdet med fremstillingen af de forskellige emner. Tidligere var det i stor stil, møbler til hjemmet der blev fremstillet i husflidsforeningerne. I dag bliver der lagt vægt på at videre udvikle de gamle teknikker, så det følger tidens trend. Mange designere har fået øjnene op for værdien af at bruge de gamle teknikker i nye klæder.

Af arbejdende stande kan nævnes bogbinding, trædrejning, ben- og hornarbejde, knipling, filtning, møbelpolstring, hardanger, patchwork, strik, orkis, stenarbejde løb binding og hækling

I Strik Cafeen er der mulighed for at prøve forskellige tekniker.

Besøg LandboNords Fødevareudstilling

Her udstiller lokale producenter og præsenterer deres udvalg af unikke produkter. Kom og få en kulinarisk rejse - se, duft og smag på noget af det bedste af Dansk Landbrug og får historien bag produktet direkte fra producenten.

Vægterne i Hjørring

I 1600-tallet var Hjørring hærget af store ildebrande, som næsten brændte byen ned. Frygten for brand var derfor stor blandt byens borgere. Efter en stor brand d. 21/5 1647, hvor 18 af byens bedste gårde brændte, fik Hjørring sin første vægter.Vægteren var arrestforvarer og holdt ro og orden i gaderne. Han skulle desuden tilse ildsteder og skorstene, som var de hyppigste årsager til brand.

.

Indtil 1704 havde Hjørring kun en vægter, der gik om vinteren, men herefter fik byen to vægtere, der gik både sommer og vinter. Vægternes uniform har holdt sig temmelig uforandret gennem tiderne. Den bestod af en stor, ulden hue – en kabuds – og en lang kofte med kongens kronede navnetræk på brystet.

.

I 1700'tallet havde han et læderbælte om livet, hvor der med metalbogstaver stod "ÆDRU OG TRO". Herudover var han udstyret med en fløjte og en morgenstjerne. Morgenstjernen– en jernpigget kugle på et skaft – blev afskaffet omkring 1840, da en vægter ved et uheld ramte en pige, så hun fik et gabende sår i hovedet, da han ville standse en mand. Herefter fik vægterne en lang egetræsstok i stedet.

.

På sine natlige rundture i byen, udråbte vægteren hver time klokkeslettet og sang det vers som passede til. Et af vægterversene lød:.

Hjørrings sidste vægtere, 1903. Fotograf Kirstine Lund. Historisk Arkiv, Hjørring

.

Om du vil tiden vide,

husbonde, pig' og dreng

Da er det på de tide,

man føjer sig til seng.

Befal dig Herren fri,

vær klog og snild,Vogt lys og ild.

Vor klok' er slagen ti.

.

Vægterne gav borgerne tryghed. En gammel kone født i 1830 har fortalt til museumsmanden Lønborg Friis omkring 1903, at hun som barn med sin familie var flyttet til en ny lejlighed, hvor fordøren ikke kunne låses. Om natten vågnede familien ved støj i forstuen og hendes far råbte:

.

"Hvem der?""Det er mig, vægteren" lød svaret."Tho hons vil I,
vægter?""Det skal a sige jer. Både a selv og min formand, vi har
tilsammen i overet halvt hundrede år hvar jennest nat siddet i denne
her forstue, når vi ikke skulle synge, og alle de folk, som skiftevis har
boet her i huset, de har altid sat en stol ud til os om aftenen, før de gik i
seng, og hvis I vil gøre det samme, skal a nok sørge for, at ingen
komme og tager noget fra jer, mens a er her!",

.

svarede vægteren. Det gjorde familien så i de følgende år. Der findes
dog kontrakter fra slutningen af 1880'erne, hvor Hjørring Byråd lejer et
værelse, som vægterne kunne benytte om natten.

.

"Det var ligegodt så hyggeligt med den vægtersang", fortalte dengamle
kone videre. "for når én lå i sin seng midt om natten og såpludselig
hørte salmen blive sunget udenfor på gaden, da var det ligesom én fik
en stærkere fornemmelse af, at Vorherre vågede over os".

.

Vægtersangen og udråbning af klokkeslæt blev dog indstillet omkring
1870, da tyveknægte i større stil benyttede sig af at lytte sig frem
til,hvornår de kunne arbejde uforstyrret. Vægterne havde så sent som i
1840'erne en lille ekstra indtægt, idet dejævnligt fulgte velagtede
borgere hjem fra gæstgivergården eller værtshusene, når de havde fået
en tår over tørsten.

I 1845 fik Hjørring gadebelysning, hvilket gav vægterne endnu en
arbejdsopgave. Gadelygterne skulle tændes og vedligeholdes. De
første tranlamper var meget arbejdskrævende med deres sindrige

system. Det var derfor en stor lettelse, da byen i 1870 fik petroleumslygter.

.

"Ja, det blev det rene legeværk at passe lygterne, da vi fik petroleum",fortalte vægter Chr. Thomsen til Lønborg Friis. Han blev aldrig kaldt andet end "Chr. Københavner" efter hans 2-årige ophold i hovedstaden som tjener for amtsforvalter Brinch-Seidelin.

.

I sommeren 1903 indførte man gasbelysning i gaderne, hvorefter vægterne blev anset for at være overflødige. Byens 3 sidste vægtere stoppede deres tjeneste ved udgangen af året.

.

På Vendsyssel Historiske Museum i Hjørring kan man bl.a. opleve Hjørrings eneste tranlampe, petroleumslygter, samt vægterens uniform: En kavaj, en kabuds og en reglementeret stok, samt en morgenstjerne.

Kilde: Hjørring Historie nr. 42, Historisk Arkiv, Vendsyssel Historiske Museum

Hvad betyder Vendsyssel?

Stednavnene i Danmark kan både være unge og meget gamle, og nogle gange er deres betydning lettere at gennemskue end andre.

Hvad betyder Vendsyssel?

Forleddet er den gammeldanske indbyggerbetegnelse wændlar, dannet til det oprindelige navn på Limfjorden, Wændil eller Wændli. Dette navn er en afledning til det urnordiske wand-, beslægtet med verbet vende, og betyder "Den der drejer". Navnet Vendsyssel betyder således "Wændlarnes område".

Hvad kendetegner en Vendelbo

En vendelbo er en person fra Vendsyssel, men udover at komme fra en bestemt geografisk del af Danmark, er der så andet der karakteriserer "Vendelboen" – er der nogle særlige karaktertræk.

Men sådan blev det udlagt af Brinck-Seidelin:

Det mente Ludvig Christian Brinck-Seidelin, som var Amtsforvalter i Hjørring Amt i perioden 1815-1845. Brinck-Seidelin, som selv kom fra København, satte sig godt ind i egnen, og gjorde meget for at lære dens befolkning at kende, og udarbejdede på den baggrund en ret detaljeret beskrivelse af Hjørring Amt og dets beboere. Bl.a. skrev han om Vendelboen:

"Han er ordholden".

Vendelboen er nidkær for at hans rettigheder, virkelige eller indbildte, ikke skulle krænkes.

Det er ikke noget muntert folk; sang lyder sjældent ... Derimod hører man adskillige ret vittige indfald.

...kommer det an på teknisk snilde, kan næppe bonden i nogen dansk provins sættes over Vendsyssels.

Han er meget langsom i sine bevægelser, og arbejdet går ej hurtigt fra hånden. Klimaet med blæst og tåge tvinger ham til at tage megen føde til sig og klæde sig varmt, og derfra hans langsomhed og mangel på livlighed...

Vor bonde er ikke smuk, man han har ej heller ubehagelige ansigtstræk. I almindelighed er bonden i det vestlige land mindre høj end i det østlige [hhv. Vest- og Østvendsyssel].

Men sådan blev det udlagt af Brinck-Seidelin:

Ved hans tale er at mærke, at han gerne vil forkorte ordene og derfor bortskaffer endevokalerne, hvorved han for fremmede bliver noget uforståelig.

Aldrig vil man komme ind i bondens hus uden at finde hans kone i arbejde ... Hun er aldeles et trældyr og arbejder dagligen flere timer, som mandfolkene tilbringe til lediggang. Manden og karlen kræver den nøjagtigste oppasning og nyder den også.

Dog konens virke har også en skyggeside: Hun er aldeles ikke renlig. På hende selv, manden, børnene og stuen er, så at sige, snavset fastgroet. Det vil heraf ses, at bestiller fruentimmeret meget, så udfører hun det ikke godt.

Med mandfolkene har det sig lige tværtimod: De skille sig ret godt ved deres gerning, men denne indskrænker sig også aldeles til marken, kreaturernes røgt og tærskning. Når dette er bestridt, ser man i bonden den ørkesløseste skabning under solen.”

(Citaterne stammer alle fra bogen ”De vendelboers land – en forkortet udgave af L.C. Brinck-Seidelins bog Hjørring Amt 1828”)

Brinck-Seidelins beskrivelser af Vendelboerne er næsten 200 år gammel, og i dag finder vi dem nok mere underholdende end direkte oplysende. Men er der noget om snakken – adskiller vi Vendelboer os fra danskere fra andre egne af landet? Kan man tale om specielle Vendelbo'ske karaktertræk?

Hvad mener du – giv meget gerne dit besyv med!

Billederne af de gamle Vendelboere stammer fra K. Lunds Atelier, og er optaget i perioden ca. 1890-1920.

Kilde: Vendsyssel Historiske Museum.

Marts 2021

Hvad laver man som pensionist:

Af fhv. halinspektør Eigil Jensen, tidligere Taars nu bosiddende i Hjørring

Eigil som nu er midt i firserne, har gennem livet været en meget aktiv person, både i arbejdslivet men i særdeles også i sin fritid. Det kan læses i hans nyudkomne bog – hans levnedsbeskrivelse, som evt.kan købes hos Eigil, i boghandlen eller lånes på biblioteket

Her fortæller han om sine oplevelse nu som en særdeles aktiv pensionist.

Her et lille uddrag fra den spændende bog

Golf? – troede jeg!
Før jeg gik på pension, troede jeg faktisk som før fortalt, at jeg kom til at spille golf, for det var der så mange andre, der var gået på pension, der gjorde. Men sådan blev det ikke, for der blev en hel masse andre interesser, der kom til at optage min tid. Når jeg tænkte golf, så var det også fordi, jeg godt kunne li´ tanken om den friske luft og en masse motion ude i naturen.
Jeg fik også tilbud nok om at prøve, men det blev som sagt ved det.

Visens Venner
Sang og musik

Jeg så en dag en lille annonce eller lignende i Nordjyske, om at Visens Venner startede mandag, og da jeg altid godt har kunnet li´ at synge og underholde, så tænkte jeg, at det måtte jeg da høre lidt mere om, hvad var for noget.

Jeg kendte så Jørn Stenbro fra tidligere, og da han var med, så ringede jeg til ham og fik nogle flere oplysninger, og så mødte jeg op på første mandag i sæsonen – det var i oktober 2007 – og det har jeg bestemt ikke fortrudt, for det var lige mig, og jeg har også der fået mange gode oplevelser og venner.

Vi samles på musikskolen, hvor vi har øvelokale, hver mandag i sæsonen til vores såkaldte "Hulemøder", hvor vi øver på de sange, som vi næste gang præsenterer for vore ikke aktive medlemmer – p.t. ca. 110 – på vore Vise Venne-aftner, som vi har 5 – 6 stykker af i sæsonen, og som foregår i Bistrup Kirken´s mødelokale fra oktober til maj.

Det er dog ikke bare vore egne visevenner, vi underholder. Inden for de sidste par år har vi bl.a. fået et samarbejde med Ålborgs Visevenner og har sammen med dem haft en fælles Visevenneaften på Vendsyssel Ny Teater og på "Trekanten" i Ålborg. Derudover har vi hvert år fornøjelsen af at underholde på plejehjem og i seniorklubber m.v. forskellige steder rundt om i Vendsyssel.

Da jeg er næstformand i foreningen, så følger der også andre oplevelser med, og det er bl. a. at deltage i regions- og årsmøder rundt om i landet, hvor jeg bl. a. har deltaget i Glostrup, Horsens, Allerød, Hillerød og Helsingør. Det har så også medført en hel del nye bekendtskaber og inspiration fra de øvrige deltagere.

Diverse underholdning

Ydermere har mit medlemskab af Visens Venner også været bufferen
til, at jeg har været en hel del rundt uden for vise-venne-regi for at
underholde med sang, musik og lidt "Poul Erik Krogen" i fagforeninger,
seniorklubber o.s.v. – og det har også været ret fornøjeligt.
Da jeg ikke selv spiller, har jeg været heldig at have forskellige til at
akkompagnere på klaver eller harmonika eller guitar.

Vendsyssel Gildet

Et af mine første bekendtskaber i Visens Venner var Kurt Wilander,
som var en gudbenådet visesanger. Jeg havde kun været med ganske
få gange, da Kurt spurgte mig, om ikke jeg kunne tænke mig at komme
med i Vendsyssel Gildet, hvor han var med i bestyrelsen.
Jeg lignede helt sikkert et stort spørgsmålstegn, for det gilde havde jeg
aldrig hørt om, men på den anden side så havde jeg aldrig sagt nej tak
til en god fest, så jeg var da lidt nysgerrig efter at høre, hvad det nu var
for noget.
Når Kurt spurgte mig, så var det fordi han havde hørt, at jeg havde
skrevet lidt sange og andet på vendelbomål, og forklaringen på, hvad
Vendsyssel Gildet var for noget, fik jeg så. Det var og er en forening
med små på pt ca.600 medlemmer, i hvis formålsparagraf der står :

"Vendsyssel-Gildets" formål er at fremme interessen for og
kendskabet til dialekterne i Vendsyssel, blandt andet ved afholdelse af
møder, arrangementer og udgivelse af dialekt-publikationer.

Gildet havde bl. a. en sangbog med 26 sange i, og man skulle i gang
med at lave en ny med betydelig flere sange i, så Kurt havde tænkt, det
at være med i det nye sangbogsudvalg, det måske var noget for mig.
Jeg syntes det lød lidt spændende, så jeg sagde ja, og så var der da

også der noget at bruge pensionisttilværelsen til. Jeg meldte mig så ind i foreningen (selv om der godt nok kun var én fest om året – årsfesten omkring 1. november) og de næste par år arbejdede jeg så med på – sammen med 4 medlemmer af bestyrelsen – at udvælge sange til den nye sangbog. Det blev så til en sangbog med 86 sange, og alle relaterende til Vendsyssel. Den blev holdt over dåben til generalforsamlingen i 2010, og den bli´r flittigt benyttet ved alle vores arrangementer, hvor vi har en hel del meget forskellige rundt om i Vendsyssel hvert år.

Jeg kom ret hurtigt med i bestyrelsen, hvor jeg i dag er næstformand og derudover redigerer vores hjemmeside, er med til at arrangere vores årlige udflugt og årsfest, hvortil jeg skriver en årsfest-sang, deltager i planlægningen af aktivitetskalendere og modtager tilmeldinger til diverse arrangementer, hvor det er påkrævet.

Vendsyssel Gildet har også givet en hel del oplevelser, dels med vores aktiviteter og årsture rundt om i landet til Ærø, Rømø, Samsø, Fyn, Sjælland, Lolland og Falster o.s.v., men en af de største var nok, da vi blev inviteret til DR-byen til overrækkelse af Modersmålsprisen til Søren Ryge i 2013. Vi var 5 fra bestyrelsen, der tog imod invitationen, og da Søren Ryge hørte, at vi bare var taget derover for at hylde ham, blev han vist nok så benovet, at grunden var lagt til et videre samarbejde, og det har foreløbig resulteret i, at han året efter deltog i en dialektdag hos os i Hjallerup, samt at vi fik lov til at besøge ham og hans TV-have på vores års tur i 2017, og der er ikke mange, der har fået det privilegium at besøge ham privat, men det var en stor oplevelse, selv om vejret var lidt "utæt" den dag.

Derudover var vi inviteret i DOK1 i Århus i 2016 til en radioudsendelse om dialekter, og her mødte vi også Søren Ryge.

Sprogblomster

Georg Julin og holdene Klar i studiet

Mit medlemskab af Vendsyssel Gildet var helt sikkert også årsagen til,
at jeg fik en stor oplevelse ved at være med i Regional TV´ernes
program "Sprogblomster" i 2014, idet Kurt Bering, der også er med i
bestyrelsen, havde forslået mig til TV Nord som lidt kyndig af og
talende Vendelbo-dialekt. Jeg blev en dag ringet op og spurgt, om jeg
ville være med, men i første omgang troede jeg, at det var af en, der
ville ta´ gas på mig, så jeg bad ham sende det på mail.
Jeg havde ikke fået fat på, hvem det var, der ringede, men det fik jeg da
senere, for mailen kom så senere, og vedkommende ville ringe mig op
igen, hvilket han gjorde, og det viste sig, at det var Per Jensen, et af TV
Nord´s kendte ansigter. Da jeg fik fat på navnet, kunne jeg også godt
kende stemmen, og så var jeg da klar over, at det ikke var gas, hvorfor
jeg selvfølgelig sagde ja.
Og det blev noget af en oplevelse at opleve TV fra den anden side af
kameraerne, og jeg var forbavset over, at man faktisk ikke tænkte på,
at alt hvad man sagde og gjorde blev optaget.
Vi mødtes alle på nær selvfølgelig Bornholmeren – Lillian – i Kastrup
lufthavn, hvorfra vi så fløj til Bornholm, hvor vi blev modtaget af TV2
Bornholm og straks kørt til studiet.
Her mødte vi så Lilian, der var forstander på Bornholm´s Efterskole,
hvor vi senere blev indkvarteret.
De øvrige på holdet var foruden mig selv – se billeder – Birgit fra Als,
Sønderjylland, Ruth fra Samsø, Svend-Erik fra Lolland (kaldet Mads
Skjern, – han havde en damelingeriforretning i Nakskov) og endelig
Kresten Tovborg fra Vestjylland. Kresten var et rigtig rart bekendtskab,
(selv om han var SF´r !!! – og han havde siddet i Folketinget i nogle

perioder). Han er jo nu desværre omkommet ved en bilulykke.

Og så var der vores studievært, Georg Julin, der var og er kendt fra mange forskellige programmer i både radio og TV. Han var også et meget behageligt bekendtskab.

Vores medvirken var uden honorar, men vi fik en udsøgt behandling med indkvartering på ungdomsskolen og en forplejning, der ikke kunne klages over, og billetten til Bornholm selvfølgelig betalt. Det blev som sagt en stor oplevelse, men det var også lidt anstrengende, og når jeg gik i seng om aftenen, havde jeg døje med at sove.

Vi var jo delt i to hold, et øst og et vesthold. På østholdet var Lilian, Ruth og Svend-Erik, og på vestholdet Birgit, Kresten og mig, og vi skulle hver især have 25 dialektord med fra vores hjemegn, og de skulle så gættes af modstanderholdet, og det var ikke lige let at forstå de andres dialekt, og det kom der en del morskab ud af.

Et af de sjove ord jeg havde med, det var "kajissestri´ek", som er en elastik – kan gi´ sig strikke – det voldte lidt besvær. Det var et, jeg havde lært af Inger Lauritsen fra Lønstrup.

Der blev optaget i alt 20 x ½ times udsendelser på de tre dage, så der var fart på fra kl. 09.00 til 16.00 og også om søndagen, hvor vi blev kørt direkte fra studiet til lufthavnen.

Vi nåede dog at være ude en aften og spise på en bedre kro i Almindingen, og Lillian, hvis skole havde en bus, tog os en dag efter "fyraften" på en rundtur på øen.

Der var tale om, at der senere skulle optages en sæson mere, men det fik vi senere at vide, at det var de andre regioner ikke interesseret i, men i øjeblikket sender man igen "Sprogblomster", og hvis vores var lige så kedelige, så var det et held, vi ikke kom med i flere, for ingen kunne tale ren dialekt – og da slet ikke "vendelbosk"- så det sprang man let og uelegant over. .

Sjov Lørdag,

som jeg selv startede op i 1994, som jeg har beskrevet under "Min tid som halinspektør" sluttede jeg med i 2011. Alting får jo en ende, og der var heldigvis kommet andre friske kræfter til, men det blev da noget, der også tog lidt tid for pensionisten. – Og til min store glæde, så lever det stadig, og i 2019 havde projektet 25 års jubilæum, og det er jeg ikke ked af at tænke på.

Senior Motion og samvær

Som jeg startede året efter i 1995 har jeg også beskrevet under "Min tid som halinspektør". Det slap jeg i 2015 efter 20 år ved roret og heraf 8 som pensionist. Det var også tiden, for konceptet havde ændret sig en del fra det oprindelige, hvor der også var en del mere sang og foredrag af kendte personer. Nu har motion næsten taget helt over, så der er – set fra min side – ikke så meget socialt samvær af anden art. Jeg kommer der stadigvæk af og til, og som æresmedlem har jeg gratis Senior Motion og Samvær på udflugt til Lille Vildmose

Diverse ture og ferier som pensionist.

Der er noget jeg, som de fleste andre, gerne vil, og det er at rejse for at opleve noget, og det har jeg jo også gjort, som jeg før har beskrevet, hvor jeg har haft nogle meget store oplevelser, og der er da også blevet råd til nogle få ture som pensionist, og der bli´r forhåbentlig til et par stykker mere, men det er ikke så let at finde pengene til det, når man kun har sin sparsomme pension, og også gerne vil beholde sin bil så længe som muligt. Uden den ville det selvfølgelig kunne lade sig gøre, men den har nu min første prioritet, så må rejseriet komme, når det kommer.

Men hjemmefra det har jeg været bl. a. på Læsø– en dejlig ø med en fredelig natur (for det meste) o.s.v. – Bornholm har altid været et ønskemål, og der har jeg været en hel del gange og bl. a. to gange som pensionist.

Men de største oplevelser har været Toscanai 2012, – Leningrad i 2013 og Prag i 2015.

Bornholm

har altid – som jeg før har skrevet – været et ønskemål, hvorfor jeg også har været der mange gange, og de seneste, men forhåbentlig ikke sidste, to gange var i 2011 og 2014. Jeg gentager sikkert mig selv, men det, der fascinerer mig, er, at Bornholm har noget af hele Norden – skov, klipper og strand, foruden en hel masse andet, som man kan læse om i deres mange turistbrochurer – silderøgerier, Ekkodalen, bolchekogeri i Svaneke og bryggeri i samme by, Hammershus, Rytterknægten med rokkestenen, Løvehovederne ved Jon´s Kapel, Opalsøen hvor der blev brudt granit, Danmarks største!-vandfald, Døn-faldet ligger nord for Gudhjem, den smukke by, og de mange andre skønne byer, og jeg kunne blive ved.

Og så skal jeg ikke glemme en tur til Ertholmene – Christiansø og Frederiksø -. Det må man ikke snyde sig selv for, selv om det kan gynge lidt på turen.

Hvis nogen er i tvivl: Bornholm er jeg bidt af!

Toscana

havde fornøjelsen af mit besøg i 2012, eller rettere, så var den største fornøjelse på min side. Vi rejste med Gislev Rejser, og det eneste vi kunne klage over, hvis jeg skal finde noget, så var det, at vi skulle møde ude i Ålborg kl. 04.00, så det var ikke meget nattesøvn vi fik at rejse på, men blev en meget stor oplevelse. Vi kørte, efter at have samlet op forskellige stede ned igennem Jylland til en mindre by ikke langt fra München, hvor vi overnattede på Hotel Krone i en mindre by –

Geisenwind – hvor vi om aftenen så nogle mindesmærker fra krigen. Næste dag gik turen til Preben Elkjær´s Verona, hvor vi overnattede før turen gik videre over PO-sletten – en lidt kedelig strækning – til Toscana med ophold i Firenze, hvor var vi på sightseeing med dansk guide, og hvor vi bl. a. så en hel del Michelangelo-statuer, gik tur over urmagernes bro og langs med Arno-floden. Derefter fortsatte vi direkte til Culciano, som var vores bestemmelsessted, hvorfra vi så kørte ud til alle de forskellige oplevelser, turen bød på så som bl. a. Toskansk Aften med egnens specialiteter, – vingårdtur til Pienza, hvor vores guide var fruen i huset. Hun var fra Svendborg, så der var ingen sprogbarrierer, så det blev til en del snak, men munden blev nu også brugt til prøvesmagning. Det var dog ikke den bedste vin, jeg har smagt, men den var ret dyr.

ROM

var var dog den store oplevelser, men den var der desværre kun var afsat én dag til, men hvilken dag og hvad vi nåede at se.

Først den helt enormt kolossale trafik, men da vi først var kæmpet igennem den, så var der Forum Romanum, væddeløbsbanen, hvor man i de gamle kejseres tid afholdt halsbrækkende væddeløb, – der var "Den spanske Trappe", "Trivi Fontænen", Colosseum og sidst men ikke mindst "Vatikanet".

Romanum

Rom er en utrolig spændende by, og den står meget højt på min ønskeseddel for ferier, – Rom kombineret med en tur langs Amalfi-kysten til Vesuv, Pompei og Capri.

Sankt Petersborg (tidligere Leningrad)

i 2013 var også en stor, men meget anderledes oplevelse. Det er en by med helt ubeskrivelige sociale forskelle, og det, vi så, var mest på bygningsværker fra det overdådige til det meget fattige og slidte, som bl. a. nogle kæmpe store karréer opført i Stalin-tiden til arbejderbefolkningen, men det første jeg lagde mærke til aldrig så snart vi havde passeret grænsen mellem Finland og Rusland, det var deres helt ufatteligt dårlige veje – hul på hul – og vi klager os!!!

Vi var heldige at ha´ en dygtig chauffør – Torben fra Bindslev – og en stedkendt guide, kan man da vist godt sige. Hun hedder Maria og stammer fra Leningrad, men talte dansk som en indfødt.

Selve turen gik fra Frederikshavn til Gøteborg og over det smukke Sverrig fra Gøteborg til Stockholm, hvor vi sejlede igennem den betagende svenske skærgård og til Finland gennem Ålandsøerne. Herfra gik turen direkte til Sankt Petersborg på fine veje i Finland, men som før beskrevet veje i en noget anden forfatning i Rusland.

Den første aften var vi selvfølgelig ude at kigge på byen, men dagens oplevelse var nok aftensmaden eller rettere sagt det tempo, den blev serveret i. Der stod en "oberkelner", eller hvad han nu kaldes i Rusland, og vogtede på alt, og personalet strøg afsted som små fjernstyrede robotter, og man havde ikke mere end lige sluppet "værktøjet" fra sidste ret, før der var ryddet og næste ret stod foran sig. Man var lige ved at blive helt forpustet, men betjeningen, servicen og maden var bestemt i top.

Vi så selvfølgelig, hvad man skal se, men nok også lidt mere på egen hånd. Vi havde guide med til nok de to største oplevelser, nemlig til Sommerpaladset, der ligger uden for byen og Vinterpaladset, der ligger i byen ud til Neva-floden er overdådigt flotte. I og på slottet er der guld-guld-guld, og i parken er der guld-guld-guld på samtlige af de utallige statuer og masser af små og større bygningsværker og på de flotteste springvand i alle mulige udformninger. 176 stk. + fontæner m.v. – Det var overvældende.

Springvandene bli´r der lukket op for hver dag kl. 11.00, og det er en flot og betagende oplevelse. Springvandene er ikke mekanisk drevne, men bli´r drevne af et højere liggende vand-resouvare, der gi´r det tryk, der skal til. Vandet løber videre i en kanal ud i Finske Bugt, der ligger op til parken.

Vi startede med at få en fin velkomst. Da vi stod ud af bussen, stod der tre russiske ”sprællemænd” eller spillemænd, hedder de vist, og truttede ”Kong Christian stod ved højen mast” og ”Der er et yndigt land”, så man næsten fik hjemve, men det kostede så også lidt russisk valuta til den meget iøjnefaldende kuffert. Jo, jo, russerne havde også lært at stå de rigtige steder og vide, hvor turisterne kom fra.

Vinterpaladset er li´så imponerende om ikke mere. Det var kolossalt stort og aldrig har jeg set så mange mennesker, som der var inde at se det. Der stod lange køer udenfor altid i åbningstiden, og inde var der ikke i hundredvis, men i tusindvis, så det var svært bare at komme frem – eller tilbage, og vi havde heldigvis små højtalere i ørerne, så vi kunne høre vores guide, for man kunne nemt komme fra hinanden, og det skete for mig. Pludselig stod jeg uden at kunne skimte én eneste jeg kendte, og jeg vidst ikke, i hvad retning de var gået, for jeg havde nok haft travlt med at kigge på de berømte malerier. Jeg kunne så heldigvis høre guiden engang imellem, men rummet, jeg stod i, havde fire døre, så det var lidt af et held, jeg valgte den rigtige, så jeg fandt mit selskab igen.

Slottet var selvfølgelig også guld, guld, guld, men det var også kunstmuseum med nogle af de absolut ældste kunstnere så som Van Gogh, Rembrandt, Monet, Rafael, Michelangelo, Picasso o.s.v. og de var ægte. Det var virkelig guf for øjnene. Det var Kejserinde Katharina Den Store der i sin tid havde samlet ca. 4000 malerier af alle de største mestre, og det var et imponerende syn.

Et enkelt af de malerier kunne godt have forsødet livet i en årrække. Nå

. se men ikke røre og jeg skal da love for, at de var bevogtet.
Vinterpaladset var Zarens residens indtil 1917, hvor han blev afsat
under oktoberrevolutionen, og det var nok ikke noget at sige til, at den
fattige arbejderbefolkning gjorde oprør mod et regime med så
ufattelige rigdomme til sig selv.

Undergrundsbanen

Der var masser af seværdigheder og bl. a. Undergrundsbanen og de
store, flotte kirker. Den første var et kapitel for sig. Undergrundsbanen
lå i 6 etager, og til den nederste var der en rullende trappe på 100 m.-
Det var stort. Vi kørte med Maria som guide rundt til forskellige
stationer og der var ikke to, der var ens, men de var alle meget flotte og
velholdte.

Næste mål var Blodskirken – også en imponerende bygning med flotte,
flotte udsmykninger. Der var bare det men ved det, at det var svært at
nyde den, for da vi kom op fra undergrunden og skulle ud for at gå
derhen, da var det begyndt at regne og ikke bare regne, men det stod
ned i spandevis, så hvis man kan blive mere en gennem-gemblødt, så
var vi det, så det, vi tænkte mest på, var at komme tilbage til vores
udmærkede hotel og få tørt tøj på, for vi nåede ikke at blive ret tørre
inde i kirken, men sådan kom det ikke helt til at gå, for da vi kom ud, fik
vi øje på en Italiensk Restaurant, så vi var nogle stykker, der trængte til
en øl, og da vi nu var der, så blev det da også til en pizza, så det endte
da med, at vi var næsten tørre, inden vi forlod stedet, og da var der
heldigvis blevet tørvejr.

Underholdning

og selvfølgelig med russisk folklore blev vi heller ikke snydt for. Vi var
en aften i teater, hvor vi oplevede flotte russiske danse, masser af
musik og en herrekvartet – Peters Kvartetten – som jeg har en CD med.
En anden aften var vi på sejltur i et par timer på Neva-floden, hvor vi fik

serveret dejlig aftensmad garneret med igen sang, musik og bl. a. kosakdans, mens vi også kunne nyde Sankt Petersborg med mange af dens store bygningsværker set fra flodsiden med.

Efter at være mættet med russiske indtryk, vendte vi så atter næsen hjemad med nogle få timers ophold i Helsinki, hvor vi bl. a. så et særpræget monument for den finske komponist Jean Sibelius, og Tempelpladsens Kirke – en meget særpræget, men utrolig flot kirke, der var hugget ud ind i en klippe

Så gik det hjemad over Ålandsøerne, gennem den flotte svenske skærgård i morgendis til Stockholm, over Gøteborg til Frederikshavn, og med en kæmpestor tak til guide og chauffør.

Prag-turen 2015

er foreløbig den seneste udenlandstur, men jeg håber ikke, det bli´r den sidste, for det var også en stor oplevelse skønt også lidt ubehagelig på et punkt – Theresienstadt – men det kommer jeg lidt tilbage til.

Vi – mig og Bitten – var på denne tur så heldige at komme til tit at ha´ selskab af et par lidt yngre, meget rare mennesker fra Dybvad, Randi og Flemming, og vi havde rigtig meget fornøjelse af hinanden.

Turen gik selvfølgelig ned igennem Tyskland, hvor vi overnattede nær Neümünster på et hotel, der lå midt i en rundkørsel, og herfra fortsatte vi så til Dresden, en smuk by taget i betragtning, at den næsten var jævnet med jorde under krigen. Der var opført en ny kirke – Frauenkirche – som var utrolig flot både ud og indvendig.

På torvet uden for var der opstillet en skulptur, som var de sørgelige rester af den under krigen sønderbombede kirke. Den nye kirke blev indviet i 2005. Den var opført med alle de gamle sten, men kunne finde i ruinerne, og de blev brugt, hvor man havde regnet sig til, at de måtte været i den gamle. Derfor kunne man tydeligt se, hvor de gamle var, og hvor der var brugt nye. De gamle var sodede og de nye lyse. Det havde været et imponerende arbejde.

Fra Dresden gik turen så til Tjekiet med ophold i Theresienstadt, den "berømte" eller rettere, en af de meget berygtede tyske koncentrationslejre fra 2. verdenskrig. Det var forfærdeligt at se og tænke på, at Hitler med slæng i sin tid havde kunnet behandle medmennesker, som det havde været tilfældet, det er helt ufatteligt, og så var Theresienstadt nok en af de blidere, hvis man kan tale om blid.
Jeg har lige set serien "Verden i Flammer", hvor lejren og lejrlivet er beskrevet, og det var ufatteligt.

En af Hitler´s utallige løgne
Det var en barsk oplevelse at se cellerne, hvor de havde boet, se henrettelsespladsen og høre historier bag, se baderum med haner uden vand, der kun var var staffage lavet for at bluffe en Røde Kors – inspektion o.s.v. Det kan man kun tænke på i rædsel, den oplevelse kan jeg godt være foruden en anden gang.

Prag
Var så næste og sidste destination, og her kom oplevelserne til at stå i kø. Vi blev indlogeret på Park Hotel, et dejligt hotel med fine faciliteter og god mad, og det første, vi fik udleveret, var sporvognsbilletter, så vi kunne komme rundt i byen enten samlet eller solo.
Vi besøgte Wenzelpladsen – Prag´s berømte hovedgade, Sankt Vitus Domkirken, Det jødiske kvarter med deres kirkegård, verdens i sin tid største, men nu faldefærdige stadion med plads til utrolige 200 000 tilskuere. Den berømte Karlsbroen besøgte vi indtil flere gange; der var et helt utroligt folkeliv både nat og dag. Vi var på sejltur på Moldau-floden med god mad og musik, samt var vi til aftenhygge på en restaurant med endnu bedre mad og en humørspreder af en

harmonikaspiller samt Norma, én af vores medrejsende, en gæv og livlig dame.

Prag har et stort borgområde, og her ligger endvidere den enorme Sankt Vitus Katedral, der har flere tårne på små 100 m.og dateres i hvert fald tilbage til år 925 og den kan ses næsten overalt, hvor man end befinder sig i Prag. Den er især kendt for, ikke bare sin enorme størrelse, men også for dens mange gravkamre, religiøse malerier og kronjuveler, krybter med mange af de tjekkiske kongelige o.s.v.

Rådhuspladsen der ligger nede i den gamle bydel, er kendt for sit Rådhus med med det verdenskendte Astronomiske Ur fra fra 1300-tallet. Det sidder på Rådhustårnet og det virker stadig. Vi var der omkring middagstid og oplevede et meget, meget fint vagtskifte med fuld musik.

På en dagstur uden for Prag besøgte vi en utrolig charmerende mindre by – Karlstejn – der havde et gammelt slot, der lå enormt højt oppe, og mærkeligt nok hed Karlstejn Castle. Vi kunne vælge at gå derop, men vi var så heldige, at der var et spand heste, der for nogle koronaer "gerne" ville fragte os derop, så vi rigtig kunne nyde den meget flotte udsigt. Før Karlstejn havde vi besøgt glasværket Nizbor, derigennem vist nok ca. 300 år bl.a. har fremstillet noget af det fineste og berømte tjekkiske krystalglas.

Vi fik en rundvisning på fabrikken, hvorefter vi kunne handle i deres meget flotte glasbutik.

Vedr. selve arbejdet på fabrikken, så var det langt, langt fra danske arbejdsforhold (se billedet). Der vart ikke noget med sikkerhedstræsko f.eks., ingen beskyttelse af ansigt og hænder o.s.v., og udluftningen var nogle små riste i loftet, men nærmest ikke eksisterende. Men de, der arbejdede der, så ud til at befinde sig godt, men de kendte bestemt heller ikke danske forhold, hvor de næsten er blevet sådan, at sikkerheden er mere væsentlig end produktionen.

Havde det været en dansk fabrik med de samme forhold, så var de ansvarshavende blevet buret inde!!!

Det Gule Marked i Prag nåede at få et lille besøg af nogle af os, da vi kom tilbage, og det var da også lidt af en oplevelse.

Hvad var så Det Gule Marked, og hvorfor hed det mon sådan? – Hvorfor fik vi aldrig helt opklaret, men alle de handlende var tilsyneladende orientalere af en slags, så måske derfor.

Det Gule Marked ligger inde midt i Prag, og det var nærmest et slags loppemarked, hvor man kunne købe alt muligt ragelse – og nemt blive snydt. Jeg købte nu kun en livrem ved en "pruttehandel", og det var nærmest for sjov, men jeg har den da endnu.

Der var en ung mand, der blev ved at løbe efter os, fordi vi havde kigget på han bod, og der var ikke det, han ikke ville sælge os med ordene: "Special price – only for you". Der var det sjove, at nogle fra selskabet kendte ham; de havde set ham på et loppemarked eller lignende i Kolding, og han både forstod og talte dansk, så ham fik vi lidt sjov ud af.

Men der var nu også et noget ulækkert "kødmarked". Vi var knap nok kommet ind i den første gade, før en ung mand kom spænende hen mod os, samtidig med han rev skjorten af og sagde til mig: " Do you want me?" (Vil du ha ́ mig?) Mit svar kan man gætte sig til.

Vi følte os ikke helt trygge derinde, så vi fulgtes altid flere sammen.

Krizikova Fontana

besøgte vi en aften på egen hånd sammen med Randi og Flemming og sammen med Mona og Hans Erik fra Ålborg.

Det var en imponerende fontæne, der var opført i forbindelse med Verdensudstillingen i Prag i 1891. Omkring den ligger i dag Prag ́s tivoli. Da mørket var faldet på, kom der liv i fontænens mange fantastiske springvand, der sprang i takt til musik fra 55 højtaler – det kunne godt høres! Det var også en imponerende oplevelse.

Hyggeaften

havde vi selvfølgelig også, og det var på en lækker restaurant med lækker mad og en harmonika-spillemand, der kunne sætte liv i kludene.

Efter en uge med masser af oplevelser og indtryk gik det hjemad over Berlin, hvor vi også fik tid til lidt sightseeing, hvilket også var en appetitvækker til et evt. senere besøg.

Vi så selvfølgelig Brandenburger Tor, gaden "Under den Linden", Regeringsbygningen og residensen for Frau Bundeskansler Merchel, resterne af Berlinmuren og resterne af den under 2. verdenskrig sønderbombede Gedächtniskirche

Det var på pladsen her omkring en terrorist under julemarkedet i 2016 kørte en lastbil ind menneskemængden og dræbte 12 og sårede adskillige flere. – Terror er fej og hæslig.

Efter overnatning på et rigtig fint hotel ude for Berlin, gik det så dagen derpå

> *Hjem til Danmark i solskin,*
>
> *hjem til Danmark i regn*
>
> *til de bølgende marker*
>
> *og blomstrende hegn –*

og efter et mindre stop ved grænsen, så fortsatte vi til Røde Kro, hvor vi skulle foretage os noget meget, meget vigtigt, – vi skulle spise den sidste frokost på turen, og den var absolut nok værd at bruge tid på, inden vi fortsatte hjemad med stop ved forskellige destinationer

Vi var endnu en fin oplevelse rigere, og ikke mindst pga. vores guide

Det var så det

Men jeg håber da, at der følger flere oplevelser efter, hvis jeg da får råd til det, samt forskellig gøren og laden som i dag, for jeg har absolut planer om at blive her i adskillige år endnu, hvis livet bli´r ved at skikke sig for mig, som det har gjort indtil nu, men jeg ved da også udmærket, at min fremtid ligger mere bag mig end foran mig.
Skulle der – eller rettere sagt – når der kommer flere oplevelser af forskellig art, så vil der jo også være plads til her at føje dem til.

Hvad Vendsyssel også kan byde på

Kilde: Vendsyssel Historiske Museum

Vendsyssel Historiske Museum i Hjørring er grundlagt af tandlæge Lønborg Friis (død 1912, buste i museumshaven modelleret af J.N. Sondrup). Museet blev stiftet i 1889 og i 1959 statsanerkendt som kulturhistorisk museum. Siden 1974 er det blevet drevet som en selvejende institution, der støttes af stat og Hjørring Kommune. Museet har desuden arkæologisk ansvar i nabokommunerne Brønderslev, Frederikshavn og Læsø - og har på en række udstillings- og formidlingsmæssige områder hele landsdelen Vendsyssel som virkeområde. Foruden besøgsadressen i Museumsgade i Hjørring, har museets udstillinger i Mosbjerg (Landskabs- og Landbrugsmuseet), Tornby (Tornby Skudehandel) og Hirtshals (Hirtshals Museum og Bunkermuseet)

Den nuværende bygning i Hjørring blev taget i brug 1900. 1928 genopførtes den ældste del af den gamle Sindal præstegård (opført 1678) i museumshaven. Også Hjørrings gamle provstegård er indlemmet i museet. Museet rummer samlinger af oldsager, mønter, folkedragter, borgerhjems interiører, landbrugsredskaber samt skiftende særudstillinger. Der findes en samling af lægeurter i haven.

FIRE MUSEER I VENDSYSSEL - 1000 OPLEVELSER

Med fire forskellige udstillingssteder i hele Vendsyssel, har Vendsyssel Historiske Museum det absolutte bedste og bredeste historiske tilbud til dig der gerne vil vide hvor vi kommer fra.

På hovedmuseet i **Hjørring** kan du følge livets gang og udvikling fra 30.000 år tilbage i tiden og op til i dag, via den permanente oldtidsudstilling, og de skiftende særudstillinger. I Hirtshals har vi **Hirtshals Museum**, der fortæller om fiskerbyens historie og position som knudepunkt for handel med Norge, og på **Bunkermuseet** kan du gå på opdagelse i tyskerne bunkersystemer fra 2. Verdenskrig. I **Mosbjerg** kan du opleve landmandslivet fra starten af 1900-tallet.

Her er historier og genstande som fortæller om os mennesker lige fra de tidligste tider til i dag. Og vi mener fra de tidligste tider. De ældste genstande har mange, mange tusinde år på bagen.

Man kan forbløffet studere det skønneste kunsthåndværk som vore forfædre har frembragt. Det er kunst, teknik, overflod som for alvor rammer en pæl igennem myten om, at Vendsyssel skulle være en fjern, perifer provins. Udkants Danmark. Ikke her.

Vendsyssel indføjer sig smukt i europæiske traditioner. Og så er der så meget at vælge imellem. Husene i sig selv er genstande. Provstegården er Hjørrings ældste ejendom. Og hvis de hvide mure dog bare kunne tale. Her voksede Hack Kampmann, en af rigets største arkitekter op. Her fandt han inspiration til sine store værker, hvor af vi i dag kender fx Århus Teater og Københavns Politigård.

Her er skiftende udstillinger, som sætter fokus på hele Vendsyssels liv. Her stedet hvor livets ender bindes sammen.

Vendsyssels fortid, nutid og især fremtid.

MUSEUMSHAVEN OG URTEHAVEN

Museumshaven

Museumshaven er den smukkeste plet i Hjørring by. Her mødes natur og kultur i skønneste forening. Og det kan knap nok siges at være et tilfælde.

Haven er anlagt af selveste C. Th. Sørensen, manden der satte have arkitektur på det danske landkort. Vi kan med rette være stolte af at have en sådan attraktion i vor midte. Når man så er så heldig at kunne forene havens skønhed med bygninger og historier af højeste kvalitet, kan man forsigtigt spørge: Hjerte, hvad vil du mere? Her er gamle krogede træer, som synes at kringle sig tilbage til svundne tiders middelalder, store plæner som i sig selv antyder vidderne i den vendsysselske natur.

Man kan sætte sig på klassiske, hvide bænke og bare nyde den omgivende æstetik. Og se urtehaven, anlagt til ære for Sindal Gl. præstegård, en bygning fra 1600-tallet, som blev fragtet hertil i 1929. I urtehaven kan man nyde et fremragende udvalg af planter og lære.

Mulighederne er utallige. I museumshaven.

Urtehaven

I 1929 blev en del af Sindal gl. Præstegård genopført i museumshaven, og i forbindelse med indvielsen af denne blev det besluttet at anlægge en urtehave foran præstegården.

Farmaceut Egerstad fra Brønderslev og stadsgartner Nielsen fra Hjørring fik til opgave at lave et anlæg bestående af lægeplanter, som indtil Reformationen hovedsageligt havde været dyrket i klosterhaver af munkene og senere anvendt af kloge koner og mænd som folkemedicin.

I 1941 lavede C. Th. Sørensen en samlet plan over hele museets haveanlæg incl. urtehaven. Det er i denne forbindelse, at buksbomhækken bliver plantet. Søren Carl Theodor Marius Sørensen (24/7-1893-12/9-1979) var sin tids førende danske gartneruddannede landskabsarkitekt og regnes i dag blandt verdens mest fremtrædende. Han fornyede havekunsten ved at lade sig inspirere af den moderne billedkunst samtidig med at han mere end nogen anden rettede sit fags opmærksomhed mod den sociale virkelighed. Han var blandt andet stor tilhænger af, at børn skulle have lov til at udfolde sig på egne præmisser. Disse tanker formulerede han i bogen "Parkpolitik i sogn og købstad" i 1931.

Omfanget af C. Th. Sørensens virke er enormt og hans mere end 2000 projekter spreder sig meget vidt. Blandt hans arbejdes kan nævnes: Århus Universitetspark, De runde haver i Nærum, Egeskov urtehave og de geometriske haver i Herning. I haven er der rig mulighed for at nyde en medbragt madkurv, spise en is, læse en bog, måske gå på museum eller bare nyde de smukke omgivelser.

HIRTSHALS MUSEUM

Hirtshals er en vidunderlig by og det er en sand fornøjelse at kunne få lov til at fortælle om byens identitet. Det gør vi på Hirtshals Museum.

En stor fortælling ligger i havnen. Uden den, ingen by. Derfor er historien om Ingeniør Fibigers fantastiske havne byggeri i 1900-tallets første årtier, den fysiske kerne i Hirtshals. Og hvad bruger man havnen til? Fiskeri? Ja. Her er både i udstillingen, udstyr og fine fortællinger.

Turister og borgere kan få historierne i forskellige lag - efter eget ønske. Men også færgetrafikken. Den er af største betydning for Hirtshals.

Her får man også historien om bjesken, den lille skarpe bitter, som netop i Hirtshals blev noget helt særligt og derfor kendetegnende takket være den tidligere sygeplejerske Signe Hansen. Klitbjesk. Det er drikken fra Hirtshals.

Men Hirtshals er naturligvis meget andet. Vi ser et kæmpepotentiale i Hirtshals og glæder os til at videreudvikle denne lille perle af et museum - som sjovt nok er meget større end man lige ser udefra.

Vendsyssel Historiske Museums afdeling i Hirtshals er indrettet i et fiskerhjem bygget af kampesten i 1880. Stuehuset, rekonstrueret som interiør anno 1915, viser hvordan en fiskerfamilie levede på den tid.

I 2012 åbnede en ny permanent udstilling på Hirtshals Museum, "Hirtshals ved havet". Den nye udstilling har fokus på Hirtshals bys historie ved og med havet. Gennem syv emner fortælles byens historie, om havnebyggeriet, færgefarten, om strandinger og redninger, om fiskeriet og om livet på havnen. Derudover fortæller selve museumsbygningen om en fiskerfamilies liv i byen.

Her har gennem århundreder været forbindelser over havet til både Vestsverige og Sydnorge, blandt andet igennem handel og fiskeri. Varer som fisk, fisketeknikker, fiskeredskaber, kød, dagligvarer, arbejdskraft og turister er blevet bragt til og fra Hirtshals over havet, og venskaber samt ægteskaber med nogle af naboerne mod nord er blevet indgået. Samlet set giver udstillingen museumsgæsten et indtryk af en bys virke ved og med havet.

Hirtshals Museum er også museet for vendelboernes nationaldrik, bjesk. Her findes en udstilling med historien om Signe Hansens bjesk og fortællingen om de mange bjeskplanter.

Bjesk

På museet kan ses en udstilling af planter fra klitten, der er velegnede til krydring af brændevin - den såkaldte Bjesk. Kommer man i hverdagen med en flaske (uåbnet) klar snaps, vi anbefaler en Aalborg Basis, kan den på museet "forvandles" til en af de mange velsmagende Bjesk i bedste Hirtshals tradition.

Haveaktiviteter i sommerferien

I museumshaven foregår i juli måned (dog ikke i lørdag og søndag) mange spændende aktiviteter. Gamle fiskere og vodbindere demonstrerer deres spændende færdigheder, og gæsterne må gerne være med til at slå reb og bøde net m.m.

Fra "Fiskekrogen" sælges velsmagende fiskeretter. I museumshaven kan man også se mange af de krydderurter, som er anvendelige til bjeskfremstilling.

Hver onsdag i juli kl. 10.30 kan man lære om Bjesken, de aktuelle planter og fremstillingen af bjesk. Medbring evt. din egen klar snaps, vi anbefaler en Aalborg Basis (uåbnet flaske) og få den forvandlet til en flaske bjesk i bedste Signe Hansen tradition. På museet og i museumshaven kan du også se udstillinger om bjesk og krydderurter.

BUNKERMUSEET - 10. BATTERI

10. batteri er Danmarks mest komplette og udgravede forsvarsanlæg fra 2. Verdenskrig.

Det ligger i et prægtigt naturområde ved Hirtshals Fyr og dækker et område på 450 x 750 meter. Området indeholder 3.5 km løbegrave, som forbinder 69 bunkere. I en mandskabsbunker er der indrettet en informationsudstilling, der fortæller om 10. batteri og Hirtshals under besættelsen, og i andre bunkere har man genskabt den oprindelige indretning.

Et besøg på Bunkermuseet er en mulighed for at få indblik i det daglige liv i og omkring bunkerne, og man kan opleve et vigtigt stykke nyere dansk kulturhistorie.

HISTORIEN BAG 10. BATTERI

I løbet af 2. verdenskrig bygger den tyske besættelsesmagt 7500 bunkere i Danmark. Dette Danmarks største byggeri er i dag et synligt minde om besættelsesårene 1940-1945. De 6000 bunkere langs de danske kyster er en del af Hitlers Atlantvold, som strækker sig fra grænsen mellem Spanien og Frankrig i syd og til Nordkap i nord.

Tysk krigsstrategi

Atlantvolden er den tyske hærs forsvar af vestfronten mod invasioner fra de allierede, og bunkerstillingerne bliver bygget i forsøget på at spare tropper, som er mere uundværlige i forbindelse med tyskernes krigshandlinger på østfronten. Fæstningsanlæggene langs den europæiske vest- og nordkyst skal ikke kun være i stand til at afvise angreb fra mindre styrker, men skal være i stand til at modstå egentlige landgangsoperationer. I tilfælde af en stor landgangsoperation må man regne med forudgående massive bombardementer fra havet og luften. For at våben og mandskab skal have en chance mod et sådant indledende bombardement, skal de beskyttes under tyk beton.

Retningslinierne for udbygningen af Atlantvolden kommer i marts 1942. I løbet af 1943 vokser tyskernes frygt for en invasion i Nordjylland, og flere udvidelser af forsvarsværkerne bliver sat i gang. Den tyske overkommandos kontrol med de danske bunkerstillinger betyder, at Feltmarskal Rommel i december 1943 beordres til Nordjylland, hvor han skal inspicere befæstningsværkerne.

Den 3. december 1943 kommer Rommel til Hirtshals, og udfører en grundig inspektion af 9. og 10. batteri. Generelt er Rommel ikke helt tilfreds med udbygningen af Atlantvolden langs den danske vestkyst, og besøget medfører ordrer om yderligere udbygninger af Atlantvolden, især af 2. linie.

Ligeledes er Rommel utilfreds med de styrker, som er udkommanderet til tjeneste i bunkerstillingerne. Soldaterne er primært mænd i alderen 45-60 år, og består af flere nationaliteter bl.a. tyskere, polakker, østrigere og russere.

Bunkere på Danmarks regning

Man mener, at mellem 50.000 og 100.000 arbejdere fra hele landet arbejder med opførelsen af de tyske bunkerstillinger.

Samarbejdspolitikken giver den tyske besættelsesmagt gode muligheder for at anskaffe sig danske arbejdere til byggeriet af bunkerne. Det er umuligt for arbejdsløse arbejdere at sige nej til arbejdet for tyskerne, da arbejdernes understøttelse i så fald bliver stoppet.

Med hensyn til betalingen af byggeriet, så er regningen i sidste ende betalt af den danske stat. Arbejdere og leverandører kræver rigelige betalinger af de tyske bygherrer, da man forsøger at forsinke tyskernes byggerier. Men den tyske værnemagt betaler gladeligt sine regninger med de penge, som Nationalbankens seddelpresse vedvarende trykker.

Det drejer sig ikke om småpenge. Prisen for bunkeranlæggene bliver 10 milliarder kroner. Det vil i dag svare til 300-400 milliarder kroner eller det samme som 12 storebæltsbroer, og dermed bliver bunkerne Danmarks største byggeri nogensinde.

9. og 10. batteri Hirtshals

Natten mellem den 9. og 10. april 1940 når de første tyske tropper til Hirtshals, hvor telegrafkablerne til England og Norge straks bliver kappet, og omkring 200 tyske soldater bliver indkvarteret på den gamle station og Hotel Hirtshals. På havnen opretter den tyske hær et "Wachstelle", da den tyske overkommando mener, at Hirtshals muligvis kan være en lokalitet, hvor man kan vente en landsætning af allierede tropper.

Da besættelseskampene i Norge og Frankrig er overstået, bliver størstedelen af de tyske tropper i Hirtshals trukket bort, og tyskerne bliver først i vinteren 1940/41 interesseret i området omkring Hirtshals, hvor havnen bliver en vigtig brik i tyskernes troppetransporter og forsyningslinier.

Derfor opretter tyskerne i februar 1941 en stilling som havnekaptajn i Hirtshals, der medfører opstillingen af to luftværnskanonstillinger til beskyttelse af havnen.

I løbet af sommer og efterår 1941 opstiller tyskerne to hærkystbatterier – det 9. og 10. batteri – rundt om Hirtshals. Hvert batteri udstyres med fire 10,5 cm (diameter på projektilet) feltkanoner placeret på betonplatforme med jordvolde omkring. Det 9. batteri bliver opført på østsiden af byen, mens 10. batteri ligger vest for byen.

I løbet af 1942 vokser tyskernes frygt for en allieret invasion, og flere gange bliver Nordjylland beordret i højeste alarmberedskab. I Hirtshals betyder det opstilling af flere luftværnskanoner samt opstilling af en havnespærring, og i sommeren 1942 påbegyndes udbygningen af 9. og 10. batteri som en del af Atlantvolden. Hirtshals skal laves til en stor fæstning, og ud over opførelsen af de ca. 182 bunkere til ammunition, mandskab og kanonstillinger bliver området omkring Hirtshals pakket ind i pigtrådsspærringer, spanske ryttere og minefelter. Ved befrielsen ligger der 6254 fodfolksminer og 19844 panserminer i området. Arbejdet med

udbygningen af 9. og 10. batteri er i løbet af 1943 nærmest færdiggjort.

Det arbejde, som fortsætter i 1944, er kun af supplerende karakter. Derfor er fæstningsanlægget i Hirtshals stort set færdigt, da de allierede går i land i Normandiet 6. juni 1944.

Tyske typehuse – Regelbau

De tidlige bunkere opført langs den danske kyst er tegnet individuelt til deres placering, men i forbindelse med udbygningen af Atlantvolden fastlægger tyskerne meget faste rammer for bunkernes form – det såkaldte "Regelbau". En bestemt type bunker til bestemte formål. F.eks. mandskabs-, køkken- og ammunitionsbunkere.

Ligeledes kan de forskellige typer af bunkere inddeles i 3 grupper, som refererer til bunkernes bygningstype og modstandskraft over for fjendtlige angreb.

Permanente stillinger: Kanon-, ammunitions-, mandskabs-, sanitets-, forplejnings- og kommandobunkere opført i mindst 2 meter tyk beton.

Forstærkede feltmæssige udbygninger: Blandt andet flankeringsbunkere i 1 meter tyk beton.

Feltmæssige udbygninger: Maskingevær- og morterstillinger, kanonfundamenter og radartårne i 0,4 - 0,6 meter tyk beton.

LANDSKABS- OG LANDBRUGSMUSEET

Afdelingen i Mosbjerg omfatter to landbrugsejendomme, som ligger i et smukt og storslået landskab med høje bakker og dybe slugter. Ved gården Højen præsenteres områdets natur- og kulturhistorie i en informationsudstilling og i området er udlagt en række afmærkede stier gennem de forskellige landskabsformer forbi oldtidsminder og andre kulturspor.

Tæt ved Højen ligger et husmandssted, der drives som i begyndelsen af 1900-årene. Her findes husdyr af gamle racer og i skolernes sommer- og efterårsferie er det beboet af "husmandsfamilier". På gården Bjørnager er der en stor

landbrugsudstilling med maskiner og redskaber fra perioden 1900-1950 og et righoldigt billedmateriale om hverdagen på landet dengang.

Højen - Informationsudstilling - undervisningslokaler

Ved gården Højen er etableret en informationsudstilling, der fortæller om landskabets geologiske tilblivelse, om dets udvikling og de natur- og kulturhistoriske iagttagelsesmuligheder, det rummer i dag.

Højens lade er istandsat som ét stort lokale, der anvendes som aktivitet- og møderum. Laden er åben hver dag kl. 10-17 og er til fri afbenyttelse af publikum, når den ikke er i brug til ovennævnte formål.

Husmandsstedet fra Refsnæs

Husmandsstedet, en landbrugsejendom fra Refnæs ved Vrå, er opført 1899 af tømrer Jens Anton Hansen, oprindeligt med et trefags værksted mellem stald og beboelse. Værkstedet mistede i 1912 det ene fag til fordel for en ekstra hestebås, idet Jens Anton Hansen indskrænkede sin håndværksvirksomhed og udvidede landbrugsdriften.

Husmandsstedet blev nedrevet i 1977 og i 1982 rekonstrueret af museet på ejendommen Højen ved Mosbjerg, hvor det i dag drives som et "arbejdende" frilandsmuseum med marker og husdyr som i tiden omkring 1915. Husmandsstedets landbrug på 5 tønder land bliver drevet med redskaber og efter metoder fra samme periode.

Den anden søndag i august er der høstdag med mange aktiviteter for børn og voksne. Onsdag i uge 42, skolernes efterårsferie, holdes kartoffeldag ligeledes med mange aktiviteter for både børn og voksne. Husmandsstedet er beboet i skolernes sommerferie.

Bjørnager

I stald og lade på gården Bjørnager er indrettet en landbrugsudstilling med redskaber fra ca. 1880 til ca. 1950 - fra før traktor og elforsyning.

På tekst- og billedplancher fortælles om landbrugsmaskinernes tilbliven, udvikling og brug.

Skov på Kanten - Eskær skov

Projektet "Skov på Kanten" omhandler en ny vandresti i Eskær Skov, der giver besøgende en unik mulighed for at udforske det rige kultur- og naturlandskab, inklusive storslåede udsigter, gravhøje og gamle skove.

På Landskabs og- landbrugsmuseet i Mosbjerg er der nogle vandrestier, som gør det muligt at komme rundt og opleve det fantastiske kultur og naturlandskab. Man kan opleve storslåede landskaber med fine udsigter, gravhøje og gamle skove. Nu er der anlagt en ny sti, som gør det muligt at opleve Eskær skov.

Ny vandresti i Eskær skov.

Lige nord for området ligger Eskær skov som blev fredet i 1991. Den ligger på grænsen mellem det vendsysselske bakkelandskab og Skagens Oddes vidtstrakte flader, her ligger Eskjær Gods med herregårdstypiske dyrkede marker, skovenge, mosearealer og højstammet oprindelig skov. Skoven i dette landskab er med lang skovkontinuitet, hvilket er sjældent i Danmark. Alle godsets 250 hektar er fredede og udgør et karakteristisk nordjysk herregårds- landskab.

Terrænforholdene er meget varierede: Lige fra de helt flade og lavtliggende opdyrkede mosearealer (Måstrup Enge) til de stejle bakker og dybe kløfter i skoven. På skovens nordøstlige side er forskellen især markant. Det skyldes, at arealerne, som skoven ligger på, er det yderste af det gamle morænebakkeland fra sidste istid. Morænebakkerne når op i 62 meters højde. Nordøst herfor har havbunden gennem de sidste 80009000 år hævet sig og dannet grundlag for Skagens Odde, som bl.a. her ved sin begyndelse er meget flad. Ved Måstrup Enge er højden over havet blot 1718 meter. Cykelrute nr. 3 løber langs kanten af skoven, hvor stenalderhavet i sin tid slikkede op ad kystklinterne.

I det bakkede landskab består undergrunden af mo/ænesand, grus og noget ler. Jordbundens næringsindhold veksler en del de forskellige steder, hvilket skaber en betydelig variation i vegetationen.

Hyrdedreng i Alstrup i 1926

Kilde: Lokalhistorie fra Vester Hjermitslev.

af Lisbet Thorendahl

Svend Nissen fortæller: Min far var mejeribestyrer på Sønder Saltum mejeri. I 1928 skulle jeg, som 9-arig, sommeren over være hyrdedreng hos Boelt familien i Alstrup. Det var søskendeparret Poul og Sofie Boelt, der drev gården. Foruden mig som hyrdedreng var der en karl og en pige. Her boede også i en slags aftægt Poul og Sofies mor, den gamle Ane Boelt. "A'en Bult", som hun kaldtes. Hun var født i Spaungaarden i 1857. Hendes mand, Søren Christensen, døde som 52-arig i 1905, hvorefter hun sad ene tilbage på gården med 11 børn. De ældste var dog voksne, så hun har nok kunne drive gården videre uden fremmed hjælp. Her i 1928 var alle for længst fløjet fra reden undtagen søskendeparret Poul og Sofie, der som nævnt havde overtaget ansvaret for arbejdet ude og inde.

Jeg var dog ikke mere end kommet til gården, før den gamle Ane tog mig under sine vinger. Skikken var, at hyrdedrengen skulle sove i kammeret sammen med den voksne karl i hestestalden. Nu var det sådan, at karlen i Boelt aldrig sov hjemme om natten, det var nemlig en kendt sag, at han sov hos kæresten på nabogården. Derfor sagde gamle Ane: "Svend skal ikke sove i stalden alene", og sådan blev det, og et værelse op ad køkkenet blev gjort i stand til mig.

Mit arbejde som hyrdedreng bestod i, at jeg om morgenen efter morgenmalkningen skulle bringe køerne ned i engene og tøjre dem der. Om middagen skulle de hjem til malkning, og over middag skulle jeg så igen i engene med dem indtil ved aftenstid, hvor de igen skulle bringes hjem til dagens sidste malkning. To af ugens dage havde jeg fri i nogle timer for at passe min skole i Sønder Saltum.

Den første gang jeg skulle cykle til Vester Hjermitslev for at udføre et ærinde, sagde Poul til mig: "Når du nu kommer hen til gården lige efter krydset, sidder der en mand i grøften. Han vil stopper dig og spørger, hvor du skal hen, og så skal du bare sige, at du skal til Hjermitslev efter 2 pund kaffe." Jeg cyklede af sted, og ganske rigtigt sad Chr. Pi'sen (Pedersen) på grøftekanten ud for sin gård. Han råbte mig an og spurgte, hvor jeg skulle hen, og hvor jeg kom fra. Jeg svarede, som jeg havde fået besked på, og han gentog med et forbavset udtryk i ansigtet " 2 pund kaffe" . Ja, sådan lavede man sjov med hinanden.

Men jeg skulle også passe andre pligter. Det var sådan, at karle og piger fik kaffe klokken et. Men gamle Ane fik sin eftermiddagskaffe klokken tre, og hun ville have, at jeg skulle drikke kaffe sammen med hende. Hun fortalte mig mange ting, mens vi drak kaffe. Oftest fortalte hun mig om alle sine børn. De fleste var i 30-40 års alderen. Flere af dem havde været i Amerika, og en af dem var blevet derovre. Hans navn var Niels, og det gik ham rigtig godt. Hun fortalte, at han havde munden fyldt med guldtænder, og idet hun sagde det, lod hun med en betydningsfuld mine en finger glide fra den ene side af munden til den anden. Hun repeterede ofte sine voksne børns navne og i hvilke gårde, de var koner eller mænd.

Den ældste hed Christine. Hun var gift med gårdmand Marinus Gade i Rendbæk, Søren havde en gård i Sønder Harritslev, Chresten havde en gård i Rendbæk, Ane Marie var gift med gårdmand Lars Sivesgaard i Ingstrup, Ane Dorthe var gift med en bagermester i Løkken, Johan var gift med Anine. De havde en gård i Alstrup, Christian var gift med Agnes Ulrich og havde en gård i Hundelev, Thomas var gift med Anne

Nysted og var forpagter på Ingstrup præstegård, Niels var i Amerika og så var der søskendeparret Sofie og Poul, det tog sig af hjemmet i Alstrup. Gamle Ane krævede, at jeg skulle kunne navnene på dem alle og huske gårdnavne og steder.

Den sommer, jeg var hyrdedreng i Boelt, kom Niels fra Amerika hjem på besøg. Jeg kan huske, at det var en søndag, han skulle komme. Jeg havde fri efter middagsmaden, men den dag blev fridagen udskudt. Det blev en spændende dag. Niels kom til Aalborg med skib om formiddagen, og tidligt om morgenen var flere af hans søskende kørt derud i bil for at hente ham. Da de kom tilbage, og Niels havde hilst på familien, kom han ud i køkkenet og hilste på mig. Jeg havde siddet på høkassen og ventet. Han kaldte mig BOY og var flink og lavede sjov med mig.
Jeg havde begge mine bukselommer fyldt med ting og sager, så de struttede ud til begge sider. Han spurgte, hvad jeg havde i lommerne, og smed en halvdollar hen til mig og sagde, at den mønt måtte jeg få, hvis jeg ville vise ham, hvad jeg havde i mine lommer. Det gjorde jeg så, og han mindedes sikkert, hvad han selv havde gået rundt med i lommerne, da han var dreng,

Det blev en hyggelig tid, mens han var hjemme. En dag skulle der komme fremmede, og for at nå det hele skulle Niels sammen med mig hente køerne i engen. Da vi var kommet hjem, og køerne var kommet på plads i stalden, opdagede Niels' bror Poul, at den sortbrogede ko manglede. Niels slog det hen og sagde: "Pyt med det, den er da derude et eller andet sted". Så tog Poul telefonen og ringede til naboerne og spurgte, om de havde set den sortbrogede. Hos Spauns grinede de og sagde: "Ja, de havde set koen, og den stod trygt i stalden hos dem". De vidste udmærket, hvor koen hørte hjemme, men det var den slags spøg, man kunne finde på at lave med hinanden, og så kunne man grine og snakke om det i flere dage..

Sommeren som hyrdedreng gik hurtigt. Den var gået godt, og jeg havde oplevet en masse. Jeg glædede mig nu til at komme hjem og være sammen med mine forældre og søskende, og jeg glædede mig også til at skulle i skole hver dag.

———————

Ester og Svend Nissen boede tidligere i huset på Eranthisvej 7 i Vester Hjermitslev. I 2007 flyttede de på plejehjem. Svend døde i oktober 2010, .og Ester bor fortsat i 2010 på plejehjemmet i Vester Hjermitslev.

Det er damefrisør Edith Jørgensen, Hjermitslev, der har hjulpet Svend med at huske Boeltbørnene, hvoraf hendes mor var Ane Marie.

Artiklen har været udgivet i lokalavisen "Sydvestvendsyssel" under Egnssamlingens rubrik – den 8. januar 2008.

Morsomme epigrammer både på engelsk og dansk

Af seminarielærer og komponist Jørgen Sørensen født og opvokset i Brønderslev

Skrevet og komponeret af seminarielektor, komponist Jørgen Sørensen, der har undervist i musik på Nørre Nissum Seminarium.

Han har i 23 år boet i Nissum Seminarieby, men er født og opvokset i Brønderslev, hvor forældrene havde Slagterforretningen "Eksporten" i Dannebrogsgade.

Han har bl.a. skrevet den efterhånden meget kendte sang

"Hvor mågerne skriger..." En sang til Vendsyssels pris.

Her et billede af Lærerstaben på Nørre Nissum Seminarium fra 1968

Forreste række fra venstre: 1. Adjunkt. Jørgen Sørensen.

From »Small Epigrams on Great Composers«

By Jørgen Sørensen

Vivaldi wrote his »Seasons«
mainly for two reasons:
The audience wanted something new,
and he had nothing else to do.

Whoever might try
to complete »The Unfinished«
would certainly find
its perfection diminished.

In Mendelssohn's overture »Fingal's Cave«
you will hear a song of the wind and the wave,
a song of the rocks and the screaming birds,
a sad little »Song without Words«.

A colour-blind conductor
studied »Rhapsody in Blue«,
the score of which he failed to see
from Gershwin's point of wiev.

But being very competent
and quite a jolly fellow,
he gave a fine performance of
a rhapsody in yellow.

Sådan set — sådan sagt

Af lektor Jørgen Sørensen

»Ny kristen sang«

Nu fikser musikfolket lovsangen op.

50 % Jesus. 50 % Pop.

Det er grusomt, men hvad der er værre:

De tror sgu, det glæder Vorherre!

Falsk alarm?

Hvad er det for noget

med ræve bag øret,

med rotter på loftet,

med ugler i mosen

og folk, der ikke

har rent mel i posen?

Mon ikke det skyldes

en and i avisen?

Så er der jo slet ingen

ko på isen!

Musik og tekst: Jørgen Sørensen

Fra Kalitten - Kalutten -13 nye børnerim

Af Jørgen Sørensen, Folkeskolens Musikerforening, 1991

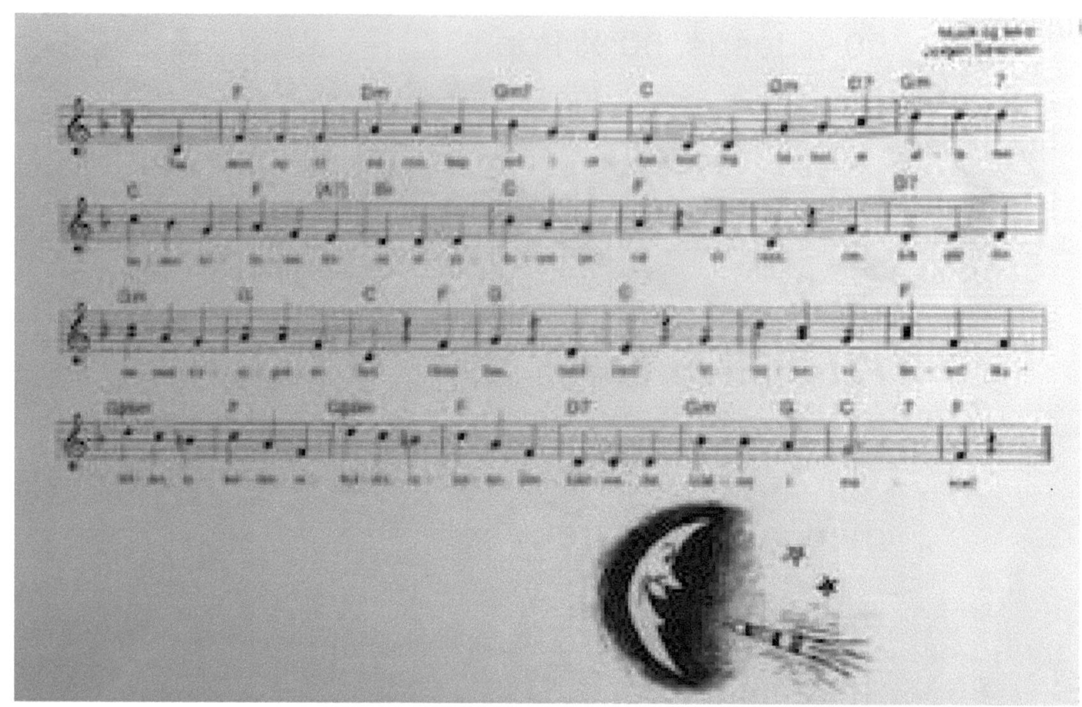

Tag med op til månen!

Tag med op til månen,

 hop ind i raketten!

Jeg håber, at alle har husket billetten,

for nu er piloten parat til start,

om lidt går det løs med forrygende fart.

Hold fast, hold fast! Vi letter, vi letter!

Rabilder, rabalder, rabulder, raketter.

Det kildrer, det kildrer i maven!

Musik og tekst: Jørgen Sørensen

Hr. Akrobat

Hr. Akrobat, som har rekorden

i at svinse og at svanse,

fik til pinse en chimpanse,

der kan danse.

Og de har aldrig tid til andet,

hverken Bingo eller Banko.

De vil hel're danse Tango og Fandango.

O tempora, O mores!

I dag si'r vi »du« i stedet for »man«.

Det syn's jeg i grunden

slet ikke,

du kan.

Bag skærmen - En sælsom tanke

Hvis Aakjær havde levet nu,

var visen om Jens Vejmand

måske i stedet blevet til

en sang om Jørgen Schleimann

Falsk alarm?

Hvad er det for noget

med ræve bag øret,

med rotter på loftet,

med ugler i mosen og folk,

der ikke har rent mel i posen?

Mon ikke det skyldes

en and i avisen?

Så er der jo slet ingen

ko på isen !

Kalle i "Vestergaard" –

Hans rette navn var Karl Thomsen

Der er fortsat nogle, der husker Kalle, som for mange år siden var karl og svinepasser på gården **Holmen** ved Chr. Rendbæk syd for Vrensted by

Gården "Holmen" ved Bådstedhedevej 85

og senere i Vrensted på **Vestergaard** på Ingstrupvej 10 ved Carla og Chr. Jensen som fodermester.

Hans rigtige navn var Karl Thomsen, men mest kaldt Kalle.

Flere gange fik han overrakt diplom for lang og tro tjeneste hos gårdejer Chr. Jensen, Vestergård, som fæstede Kalle i 1955. Han blev i rigtig mange år på Vestergaard, hvor Carla og Chr. tog sig rigtig godt af Kalle, som en del af familien.

Karl Thomsen fik ikke den bedste start i livet. Han blev født den 3. januar 1921 i Frederikshavn, men endte ret hurtigt på et nyoprettet børnehjem i Søndergade i byen. Hans mor Elvina Thomsen, der var ugift, var tilsyneladende ikke i stand til at tage sig af sit nyfødte barn.

Ifølge kirkebogen blev barnet navngivet ved en hjemmedåb under medvirken af en kordegn i Frederikshavn sogn. Der er ingen fader angivet ved dåben, men en note er tilføjet om, at fattigudvalget anerkender at barnet hører hjemme i kommunen.

Ved folketællingen i 1925 og 1930 står Karl Thomsen opført som et af plejebørnene på Børnehjemmet "Fremtidshåb", som blev oprettet i 1921 af Centralmissionen i Bethania foreningen.

I 1930 var der registreret 16 plejebørn på børnehjemmet, som Søster Ane Thomsen var forstanderinde for. Hvor længe Karl Thomsen var anbragt på børnehjemmet melder historien ikke noget om, men som stor knægt kom han hos Anes bror gårdejer Hans Thomsen, som ejede Eriksminde på Pilgårdsvej i Vrensted. Måske på ferie.

Der er ikke opført folketælling mellem 1930 og 1940 i de folketællinger, som Statens Arkiver har offentliggjort på nettet, og som kan give spor efter Karl Thomsen. Om hvor længe han opholdt sig på børnehjemmet eller hvad han beskæftigede sig med som ung.

Ifølge folketællingen fra 1940 havde han ikke på det tidspunkt ophold i Vrensted hos Hans Thomsen eller på gården "Holmen", hvor han i en periode var karl før han kom til Vestergård i Vrensted by i 1955.

Karl Thomsen har formentlig i 1940'erne haft ophold i Frederikshavn. Et foto viser, at han efter afslutningen af krigen havde været vagt ved en flygtningelejr i Frederikshavn. Måske ved Knivholt, som var den ene af to flygtningelejre i området.

Om Kalles liv i Vrensted har jeg fået fortalt, at han kom meget hos Gerhard og Marie i det lille hus på Bådstedhedevej, hvor der også kom andre for at spille kort og hygge sig.

Kalle var også en rigtig god fodboldspiller og kom i idrætsforeningen i Vrensted. Jens Mørk fortæller: "Jeg husker Kalle som en meget god fodboldspiller. Han var ret god til at lave mål, og var Kalle lidt for lav til at dirigere bolden i mål med hovedet, brugte han en hånd, ligesom Maradona sener blev kendt for. Vi var altid spændt på om dommeren opdagede det"

Kalle i "Holmen":

Der fortælles også at Kalle altid var til Brønderslev Marked. Han blev der gerne alle markedsdage, fra fredag til tirsdag. Han havde det problem, at når først han var begyndt at drikke, så blev han ved indtil han gik under bordet. Engang var Chr. Rendbæk således kørt til Brønderslev efter ham. Da han efter nogen søgen fandt ham, fik han ham ind i bilen, hvilket ikke lige var det Kalle havde mest lyst til. Da de så kom forbi den første købmand ville Kalle have Chr. Rendbæk til at stoppe så han kunne købe nogle øl, hvilket Rendbæk ikke ville. Da de så kom til Tolstrup bad Kalle ham om at stoppe ved købmanden der, hvilket Rendbæk gjorde og tænkte, at det kunne der nok ikke ske noget ved. Han ventede i bilen, men der kom ingen Kalle ud, så Rendbæk vil hente ham i butikken. Kalle havde i mellemtiden set sit snit til at forlade butikken ud af bagdøren. Kalle var igen på vej til Brønderslev, så Rendbæk vendte om og fandt Kalle gående på vej tilbage til Brønderslev Marked.

Povl Stevns fortæller :" I det tidlige efterår 1955 var jeg efter aftjent militærtjeneste ved Livgarden et par måneder ansat som daglejer på "Holmen", hvor jeg i den periode var installeret i et af karlekamrene over hestestalden i Vestfløjen. - Jeg mindes gerne året, som det år, hvor der kom gardiner i vinduerne på værelserne. - Vi var nogle stykker på gangen, husker jeg. Det var jo inden mekaniseringen gjorde sit indtog på "Holmen", så der var arbejde nok til en del medhjælpere. Foruden os karle var der ansat gifte fodermesterfolk til pasning af kreaturerne og så var Kalle ansat til at passe svinene. Dette job gav i sig selv også en del arbejde, da Kalle også skulle koge kartofler og male korn til svinene. Det klarede han dog tilsyneladende til alles tilfredshed, - vel at mærke, - når han var der. Det var han nu også normalt; men det kunne altså glippe.

En mandag morgen, da vi karle i Vestfløjen efter morgenarbejdet og morgenmaden havde taget opstilling i en lang række bag hestene i stalden og ventede på, at Chr. Rendbæk skulle dukke op for at sætte os i arbejde, gik døren op og Rendbæk trådte ind med et spørgende blik. - På vejen over til stalden om morgenen havde Rendbæk for vane at slå et slag om ad svinestalden for ar se, om alt her stod vel til. Det havde han også gjort den morgen. Derfor det søgende blik ned langs rækken. Efter at have ønsket os god morgen fulgte spørgsmålet: "Er der nogen, der har set Kalle?" - Dyb tavshed, men så trådte mælkekusken lidt frem og fortalte, at han godt nok ikke havde set Kalle, men han havde da set Kalles cykel. "Hvor har du set Kalles Cykel?" lød Rendbæks næste spørgsmål, og så kom det frem, at den var observeret nede i byen, hvor den stod op ad en telefonpæl. Det var da altid noget. Herefter bad Rendbæk en af de andre karle om at gå over og tage sig af svinene.

Kalle havde haft fri om søndagen og havde måske endda også fået udbetalt et lille forskud på lønnen og det var da ikke til at stå for. - Der var jo også en verden udenfor "Holmen". - Om Kalle dukkede op senere på dagen eller først den følgende, husker jeg ikke, men tilbage kom han da og så var det jo alt sammen godt igen og tilbage ved det gamle".

Kalle i "Vestergaard"

Hos Chr. Jensen i Vestergaard var Kalle blevet ansat som fodermester. Han passede dyrene til alles tilfredshed. Men her skete der det samme, at engang imellem udeblev Kalle fra sit job, grundet at han var taget på turne. Når han så kom hjem, faldt der sikkert brænde af og engang fortælles det, at han var blevet fyret af Karla Jensen. Kalle flyttede så til Gerhard og Marie på værelse på loftet. Der gik dog ikke lang tid inden Carla og Chr. Jensen kom ud og hentede og genansatte Kalle.

Desværre havde Kalle en hang til at drikke. Jeg har fået fortalt, at han var kvartalsdranker, men en rigtig godmodig fyr. En morgen var han kommet fuld hjem, hvor en ko var ved at kælve. Så Kalle hjalp med at få den lille kalv sikkert til verden. Da Chr. Jensen om morgenen kom ud til køerne, sad Kalle med den nyfødte kalv på skødet i sit fine tøj og varmede sig ved kalven."

Jens Otto Madsen fortæller: Husker engang jeg en morgen mødte Kalle på fortovet mellem Kommunekontoret/Lægehuset og købmanden. På strækningen var en gammeldags stor trætelefonpæl. Kalle var stødt ind i den og dansede rundt om den i angrebsstilling råbende, vil du slås. Noget som står indprentet i min bevidsthed.

Louise som er datter af Carla og Chr. Jensen i Vestergaard, fortæller:
"Kalle var en del af familien på Vestergård i mange år. Han fandt en hel
egen døgnrytme, hvor han prioriterede det meste af tiden hos dyrene i
stalden. Alle dyrene havde navne og Kalle førte mange og lange
samtaler med dem. Ofte var Kalle ikke klar til aftensmaden før kl 22,
men maden var klar, når Kalle kom ind fra stalden uanset tidspunkt.
Dog blev han bedt om at blive færdig i stalden kl. ca. 19.00 juleaften!

Kalles yndlingssted når han havde fri var Klitbakken i Løkken. En aften
han kom hjem fra hotellet spurgte min far hvad han havde i nakken.
Han svarede, at det var en bøjle der stod "Klitbakken" på. Dog besøgte
han ikke hotellet i december måned, da han sparede op til julegaver til
os børn, og det var flotte gaver.

Da Kalle ikke kunne klare fodermesterjobbet længere flyttede han til
Løkken. Jeg husker ikke hvor længe han boede her inden han døde.

Jeg arvede hele Kalles værdifulde bohave: En amagerhylde og en
sølvske som han havde fået for lang og tro tjeneste i Vestergård.

Kalle var altid venlig og rar og virkede som om han var tilfreds med
tilværelsen. Han var et menneske der hvilede i sig selv."

Efter tiden i Vestergaard flyttede Kalle som nævnt til Løkken på et
værelse på Vrenstedvej, hvor han så modtog pension. Der fortælles
også, at han der betalte mad og husleje forud som sikkerhed for at
have de daglige fornødenheder sikret og resten kunne han så bruge på
sprut og tobak og det varede som oftest kun nogle få dage.

Karl Thomsen døde pludselig den 8. august 1974 kun 53 år gammel.
Sygdom gjorde, at han ikke kom til at leve det liv med fast arbejde,
som han havde set frem til og som han havde vist, han kunne i de
mange år hos Chr. og Carla Jensen. i Vestergaard i Vrensted.

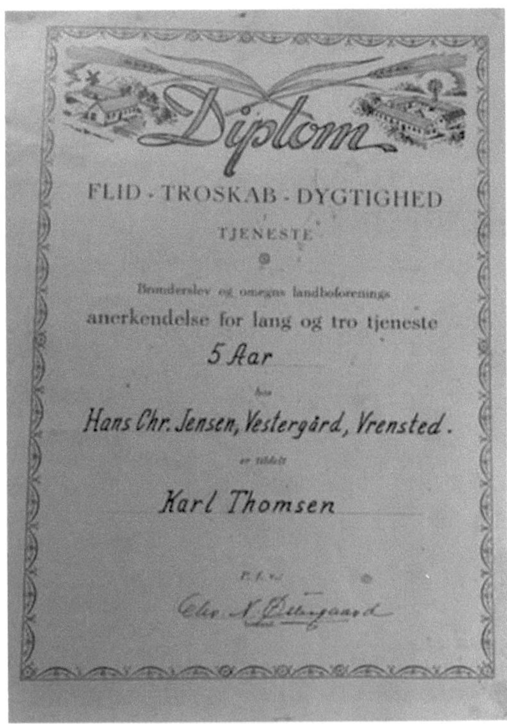
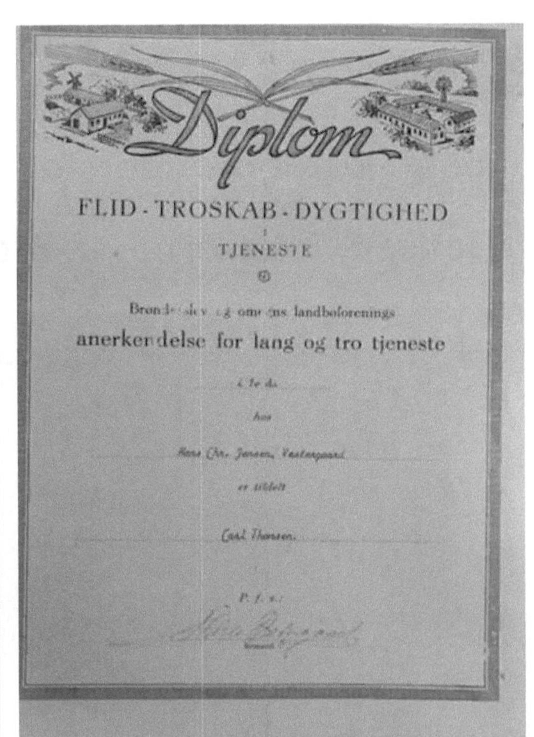

Her er fotos af 2 diplomer samt et billede som vagt ved flygtningelejren i Frederikshavn.

Alle oplysninger fra Kirkebøger og omkring Kalles barndom på børnehjem er fundet af Poul Christoffersen og de små anekdoter er fortalt af Louise Gml, Jens Mørk, Jens Otto Madsen og Leo Jensen, og Povl Stevns og Carl Ole Jensen alle opr. fra Vrensted.

december 2020 - jens Otto Madsen

"Klovborg" en stor gård

Om gården Klovborg i Øster Brønderslev

Af gårdejer Lars Jensen, Taksvej 45, Ø. Brønderslev

Her kan du læse hvordan vi har drevet Klovborg siden overtagelsen i 1976.

Klovborg er beliggende syd for Ø. Brønderslev i kanten af Vildmosen og derfor med megen lav jord.

18. august 1976 overtog vi Klovborg fra en driftig landmand som gennem 11 år havde opbygget ejendommen fra 11 ha. til 45 ha. og øget kostalden fra 8 køer til 62 køer, gennem hårdt og målbevidst arbejde, men nu havde lyst til at prøve noget andet i en alder af 48 år.

Jeg var næsten færdig driftsleder fra Bygholm og Lis på vej til at blive pharmaceut i København.

På trods af en meget varm sommer var der stadig gang i markerne og vi kunne køre i de mest lavt liggende marker der var på ejendommen.

Tingene gik vores vej og vi fik fyldt godt op med produktionen gennem de første år og dermed fik gang i vækst tankerne.

70 køer i 1978 var det dobbelte af gennemsnittet, men 180 kunne nu give et andet liv med ansatte og en bedre hverdag.

September 1979 blev den nye kostald indviet, Niels var da et halvt år og deltog interesseret fra barnevognen. En ny vej var startet med løsdrift og malkestald, og et foderbord med kæde og begrænset æde plads havde set dagen lys, køerne trivedes og vi var pave stolte over den sejr det var at kunne få et sådan anlæg i gang, jeg var lige fyldt 25 år og Lis havde fast arbejde og indtægt fra apoteket i Brønderslev. Lis` arbejde har altid været et stort plus for Klovborg både menneskeligt men også økonomisk.

1981 var året hvor Danmark havde de højeste renter og nettet blev strammet omkring os, vi øgede produktionen til 210 køer og hev os igennem, til renterne faldt i 1982, en oplevelse som min far sagde alle burde prøve, det at mangle likviditet det glemmer du aldrig. Det var også året hvor Klaus blev født og nu havde jeg 2 fremtidige landmænd i kikkerten.

Dræning har altid været en del af Klovborg og i 1983 blev det første store projekt startet hvor 25 ha. vest for ejendommen blev gjort dyrkning sikre, senere har vi lagt mange km dræn i vore marker. Tingene kørte videre og ved mælkekvoternes indførelse i 1984 var vi oppe på 230 køer og en mælkeproduktion der gjorde at vi kom ind med god kvote, anlægget passede bedre til 200 køer end 230 og kvoten gjorde at vi blev sat ned med 8 %.

Firserne kørte videre med kvoterne og en stigende pris som var betalingen for indførelsen af kvoten. Det gik ind til 1989 hvor vi også var blevet en del af MD, efter at Nordjysk mejeriselskab blev en del deraf. Det gav 25 øre ekstra 2 år og det er de år hvor indkomstskatten virkelig begyndte at true os. Det var også de år der var mange jordfordelinger i området og vores areal sneg sig op på 80 ha.

Gitte og Ellen kom i 1986 og 1987 og den komplette familie var etableret.

1987 var også året hvor vi startede op med bærme fra Spritfabrikken, vores start med biprodukter som gav en del udfordringer med og få til at fungere. Samarbejdet med Spritten kom til at give os en masse gode oplevelser dels ved og komme til at kende de forskellige snaps, men så sandelig også den kontakt vi kunne give dem til landbruget og så de gange hvor vi har brugt dem som sponsor for ting her eller noget vi har deltaget i. Spritproduktionen stoppede i 2012 og dermed ikke mere bærme.

Den statiske produktion passede os ikke og der var tegninger fremme om svinestald og fårehold.

Fårene kom til og de 100 moderdyr holdt nogle år, men selv om jeg havde prøvet og klippe og arbejde med får i New Zealand blev det aldrig den store succes.

Køerne var det primære, derfor ændrede tingene sig ved at naboen mod syd Poul Schumacher kom og ville sælge ejendommen. Efter 3 måneder og en kasse X-mas gik handlen igennem med overtagelse på min fødselsdag 12. april 1991. Vi fik mere kvote og kunne nu fylde stalden og blev beriget med et bygningssæt mere.

Laden som var lavet i enden af kostalden, med tanke om at den kunne blive stald blev indrettet i 1992 efter at der var bygget en ny lade i forlængelse med det nuværende staldanlæg.

Den første nye gylletank blev lavet i 1989, det gyldne år og grundet de nye kapacitets krav, vi måtte ikke længere køre gylle ud året rundt.

Nu gik det stærkt da næste nabo Erik Johansen meldte sig som sælger af deres ejendom, den måtte vi have og nu havde vi jo plads til flere køer, en ejendom som omkransede vores marker med et godt bygningssæt og en fin besætning som hurtig blev afsat til fine priser.

Bygningssættet på Granvej var jo godt og blev indrettet til 500 fedesvin, vi kørte selv produktionen 12 år, og lejede stalden ud derefter, 2011 blev bygningssættet solgt med 2 ha.

Det gik godt og i 1995 blev malkestalden for lille og blev fornyet med en 2 gange 16 side by side malkestald. Kvoten strammede stadig og 1997 købte vi en fjernejendom i Hollensted, kun for at få fingre i kvoten, som oven i købet blev toldet. 3 år havde vi ejendommen og det gik næsten lige op, hvis det ses med positive briller.

Produktionen gik fremad og i 1999 var det næste fjernejendom på Starengvej der kom ind i folden, igen for at få mere kvote, denne gang dog uden at den blev toldet. En ret forsømt ejendom med en masse plastik, vi drev den 4 år og solgte så til naboen, det gav 2 vindere vi var glade for at komme af med den og han var glad for at få den.

2001 havde vi behov for mere kostald, og lavede en parallelt med den vi havde. Byggeriet startede 11. sep. 2001, dagen hvor de to tårne i New York blev angrebet, og der kom en ny terror dagsorden. Vi kørte videre med samme stald opbygning og mål, men måtte dog skifte Stranko kæden ud med et nyt Mullerup feder anlæg, kæden kunne ikke nå så langt og vi havde behov for at køerne kunne passere igennem foderbordet flere steder.

Masser af plads og vi var oppe på godt 400 køer, en fin størrelse og der var kommet 4 pladser mere i malkestalden så der nu var en 2 gange 20. Det var også de år vi startede op med majs igen, efter nogen forkølede forsøg i midt firserne. De kom til at presse helsæden ud af fodringen, men sådan har der jo været nogle skift igennem tiden.

Niels var godt i gang med landbrugsuddannelsen og havde ønske om og blive selvstændig, hvilket passede fint ind i vores plan, der kan jo næsten ikke opnås noget bedre end at næste generation har lyst til det samme som du selv har beskæftiget dig med. I 2004 blev han færdig som agrar økonom på Dalum, og fik straks arbejde på Djursland som kopasser, men med lyst til at få noget selv når chancen bød sig.

Nytår 2004/2005 gik det stærkt, Niels overtog Lykkegård og vi købte Fossevangen. På en gang var jordarealet fordoblet, og ko tallet øget med 270 køer. Køerne på Fossevangen blev dog solgt efter 3 måneder, det var Holstein og vi har jo jersey, hvilket giver lidt konflikt med malkestald og båse ved de ikke er samme størrelse. Der blev dog indkøbt nogle jersey, så Klovborg kom op på knap 500 køer, og Fossevangen blev ændret til kvie opdræt.

Lykkegård havde også Holstein, og båsene var mere passende til jersey. Vi snakkede om det efteråret 2005, 3 uger efter var det klaret, en landmand ved Tårs havde købt naboen med jersey men ønskede Holstein, og ved Pandrup var der en som stoppede. Dagen startede med 150 Holstein og sluttede med 200 jersey. Det gør det også nemmere med opdrættet når det er samme slags. Alle kalve kommer til Klovborg og på Fossevangen når de er ca. 6 måneder og fordelt tilbage igen mellem Lykkegård og Klovborg omkring en måned før de kælver.

2006 kom Mosegården ind i billedet og blev en del af vores I/S, der er 165 ha og på det tidspunkt 160 Holstein køer på ejendommen.

 Mosegården ligger i vildmosen og har næsten hele jorden som spagnum, som er godt til kartofler, vi lejer derfor noget jord ud til det hver år. Køerne blev også byttet til jersey og der er nu 265 jerseykøer i stalden.

I 2007 var det så Engbrogård, 65 ha og 100 køer der trængte til en ny ejer, vi solgte dem hurtigt og bruger nu stalden til de sen drægtige kvier, 165 kan der være i kostalden. Alle de andre gamle

bygninger har vi fjernet, de var virkelig saneringsmodne. Det var også en ejendom som trængte til dræning og få ryddet op i plastikken, men ellers en meget harmonisk ejendom som passer fint ind i vores fremtid.

1. juli 2008 kom så Vibholm til, nærmeste nabo til Fossevangen som vi mente vi burde have selv om det var en svineejendom med 2 bygningssæt. Grisene blev solgt hurtigst mulig og vi lejede staldene ud til Jan Ulrich, som bruger dem til slagtesvin.
1042 ha. have vi nu fået samlet, og havde dermed fået samlet alt det som vi kunne ønske samtidig med at der jo var blevet en stor gæld her ved indgangen til det finansielle sammenbrud.

2008 var også året hvor vi fik malke robotter, der havde været nogle kraftige problemer med mandskab igennem et par år og vi havde fået nogle unge folk fra Ukraine til at hjælpe med køerne. Vi troede ikke på det ville blive fremtiden og valgte derfor teknikken. 7 robotter kom i gang på Klovborg februar 2008 og i maj startede vi 3 op på Lykkegård. De sidste 4 kom så på Mosegården i starten af 2009. Der kom så 2 mere på Klovborg 2011 så der nu var 16 styk tilsammen. Det gav en anden arbejdsdag, men dog stadig en del arbejde fordelt over hele døgnet, hvor der før var nogle faste tidspunkter.

2008 var også året hvor der kom en ny finanskrise og dermed en anden hverdag for os. Likviditet havde der været rigelig af hvilket også kan ses ved vores store opkøb af ejendomme gennem nogle år. Det blev nogle år med øget fokus på indtjening og optimering af det vi havde.

2009 var et rædselsår med et voldsom fald i mælkeprisen, vi tilpassede så meget som muligt.
De næste par år var vi stadig presset på mælkeprisen.

2011 blev den mest besværlige høst vi kan mindes, det endte med at vi havde ca 50 ha. Som ikke blev høstet. Det har vi gjort alt for at ændre og 2012 blev en rimelig god kornhøst, vejret drillede så ved majshøsten ligesom de var noget trykket på grund af den kolde sommer.

Alt kan ændre sig og 2013 havde vi en god stigning i mælkeprisen. Der havde været den bedste sommer i flere år, hvilket passede vores lave jorder godt, og så blev vi færdige med at høste i august, det kan jeg ikke huske er sket siden 1976.

Efter 2013 hvor vejret og priserne var med os, blev det hverdag igen, vi øvede stadig tilpasning. Naboerne til Mosegården ville gerne købe de 130 ha., som hørte til den. De blev solgt 1 april 2015 for 25 mio. og vi fik sænket vores balance, ligeledes besluttede vi at leje vores kornjord ud fra 2015. Det var en ny tanke; hvor vi ikke ligesom tog alle muligheder, men også begyndte at vurdere om vi skulle alt.

En beslutning vi senere er blevet meget glade for. Vi kan se, at Per Jørgensen, som har lejet omkring 300 ha, er dygtigere til det. Vi har stadig nok at lave og køber nu korn direkte fra foderstoffen med sikkerhed på prisen et år frem, eller hvor længe nu kontrakten løber.

Robotterne bliver mere omkostningstunge, og i 2015 blev de udskiftet med en 32 swing – over malkestald. Det kræver noget mere mandskab, men giver også en mere struktureret hverdag. Efter lidt indkøring kører det nu godt og vi er tilbage ved det mere simple, som passer godt til os.

2015 er også året, hvor mælkeprisen tager endnu et dyk. Vi havde måske nok forventet det på grund af, at mælkekvoterne stoppede, men ikke at det fortsatte ind i 2016 og først ændrede sig i 3 kvartal. Det kan bedst beskrives som en "kold tyrker". Ingen havde forestillet sig, at det var muligt at komme under 2 kr. for en liter mælk, men det skete i 5 måneder. Vi blev ramt lidt af lykken ved at kunne sælge 2 vindmølle grunde, og på den måde kunne vi holde nogenlunde balance i økonomien.

18 august 2016 var dagen, hvor vi havde været på Klovborg i 40 år. Det blev fejret med telt i gården, fadøl, og hvad dertil hørte. En fantastisk dag hvor mere end 200 mennesker kiggede forbi, og som toppen af poppen fik vi nogle få dage efter besked om, at mælkeprisen ville stige i september.

I maj måned 2017 skiftede vi malkerobotterne på Lykkegård ud men en simpel 2 * 12 malkestald og øgede ko tallet med ca. 80 køer. Endnu engang for at forenkle hverdagen en smule, samtidig med at vores vedligeholds omkostninger kunne blive lavere. 1 maj 2019 tog vi malkekøerne fra Mosegården hen på Lykkegård hvor de alle bliver malket i den lille malkestald, det tager en 5-6 timer men mandskabet bytter undervejs.

Der er i 2018 og 19 blevet lavet en ny staldlænge langs bygningen hvor malkestalden er på 20*75 m ligesom malkestalds bygningen også er forlænget hvorfor der nu er 2 parallelle bygninger på hver 1500 m2, alt fyldt op med køer på dybstrøelse.

Vores markdrift består nu kun af majs og græs, hvilket ser ud til at være en god løsning. Vores udbytter og kvaliteter er bedre, og det kvitterer køerne for med en bedre ydelse. Det er vores nuværende fokus, indtil at nye ideer eller tanker kommer, for vi er ikke kommet til det sted, hvor vi mener, at alt er perfekt.

Lars Pedersen

Juni 2021

Klovborg

Krudttårnet

Krudttårnet er den sidste rest af Fladstrand Fæstning, der blev opført 1686-1690 for at beskytte ankerpladsen ud for det fiskerleje, der lå, hvor Frederikshavn ligger. Krudttårnet er i dag hjemsted for et militærhistorisk museum og er samtidigt Frederikshavns vartegn.

Foruden funktionen at opbevare krudt blev tårnet også benyttet som platform for kanoner. Frederikshavn, som dengang hed Fladstrand, var endnu ikke en by men blot et fiskerleje.

Hvornår blev Frederikshavn bygget?

I 1805 beslutter den danske stat at anlægge en egentlig havn ved Fladstrand. Den bygges i årene 1810-1812 under navnet Frederikshavn – opkaldt efter Kong Frederik VI. Ved bekendtgørelse den 23. september 1818 får Fladstrand købstadsrettigheder, og byen får navnet Frederikshavn.

KRÆN-EG OG LØJTE-GRETHE.

Af Mikkel Nielsen, Sæby

Mange kender sikkert historier om Kræn-Eg og Løjte-Grethe.

De to var i gamle dage kendt af både unge og gamle i hele Vendsyssel.

Om Kræn og Løjte-Grethes liv og færden kan berettes, at det var omkring 1856, de fandt hinanden, og blev enige om at følges ad, og siden holdt de trofast sammen.

De boede i et gammelt faldefærdigt hus på Trintved hede i Dorf omkring 20 km syd for Sæby. Det var en gammel rønne, der delvist var gravet ind i en skråning.

Der var mange af de såkaldte "bakkefolk" på disse kanter, der boede på den måde.

Det var dog sjældent, de var hjemme. Der var vandrerblod i deres årer og lige til Kræn-Eg i nærheden af de 80 år, måtte indlægges på Dronninglund Sygehus, der vagabonderede de.

Kræn-Eg var skorstensfejer, og havde altid sin kost med sig.

Meget gjorde han ikke ved faget, men det var heller ikke nødvendigt, for alle vegne blev der vist velvilje mod dem, og den sæk Grethe altid bar på, var sjældent tom.

De sov, hvor de kom frem, som regel i en bås i kostalden hvor de fik noget hø at ligge i, og det var de særdeles godt tilfredse med.

De fleste kviede sig ved at give dem en seng, da det var en kendt sag, at de ikke var helt fri for utøj

.

Fik de en seng anvist, tog de altid selv det hensyn at lægge alle deres klæder udenfor.

Grethe var trofast overfor Kræn-Eg, flere ældre kunne i gamle dage huske, hvorledes hun sad og strikkede på et dige, eller hvor hun nu kunne finde plads, mens hun sang for Kræn, der svang kosten på taget ved skorstenen.

Denne historie har jeg opsnappet fra 1962, og fortælleren mødte som barn sammen med sin ældre fætter de to, Kræn Eg og Løjte Grethe. Det møde forløb således.

Pludselig fik vi to knægte øje på en gammel mand og kone. Hver med sin stok kom de stavrende på en hulvej i utrolig påklædning af laser og pjalter, og begge havde de bylter og pakker fastbundet til kroppen med sejlgarn både foran og bagpå.

Det er skaneme Kræn-Eg og Løjte Grethe, udbrød fætter Albert, dem skal vi hen og snakke med.

De to gamle var i stærk ordveksling. Kræns brummen overdøvedes af Grethes ophidsede stemme.

"Vil do tænk dig bette Albert, vi to gamle fattige mennesker er bløwen jaget ud fra den gård derhenne, og vi havde endda kun søgt mod regnen i hønsehuset. Kan do forstå, at den stodder ku være så ondskabsfuld her i juledawen".

Min mundrappe fætter Albert svarede, at stodderen nok var bange for, de skulle fylde hans høns med lopper.

Det var en mægtig vits, som Løjte Grethe syntes om. Hun grinede så tårerne løb ned af hendes rynkede kinder.

Hun greb fætter Albert i skulderen, og lod i kådhed hendes egetræskæp danse på hans rygstykker.

”Do er da en farlig bette knægt, tag og belæg dine ord”, sagde hun mens hun klukkede af grin.

DEN SKØNNE HELENE FRA RÅBJERG.

Almindeligvis kom Løjte-Grethe og Kræn-Eg godt ud af det med hinanden, men af og til kunne der komme en kurre på tråden, og særlig galt blev det, da Kræn Eg på Flauenskjold marked havde truffet ”Den skønne Helene” fra Råbjerg, og fået hende med hjem til Grethe, hvor hun skulle være en slags tjenestepige.

”Den skønne Helene” blev ikke gammel i det lille hus i Trintved, det sørgede Løjte-Grethe for.

Mens datidens øvrige originaler som regel var frygtet ikke mindst fordi, de var slemme til at drikke, og gerne ville i klammeri, var Kræn og Grethe fredsommelige folk, som ingen var bange for.

De gjorde aldrig nogen fortræd, og kun når en flok drenge råbte efter dem, kunne Grethe vise sig fra en mindre venlig side.

EN TRO FØLGESVEND.

Kræn-Eg og Løjte-Grethes tro følgesvend var den lille hund ”Paris”. Den var lige så kendt som dens plejeforældre og for øvrigt det eneste væsen, de to mennesker havde absolut tillid til.

"Paris" var med på alle deres vandringer, og da Kræn-Eg døde, sørgede Grethe inderligt, og hendes eneste trøst var "Paris".

Derfor blev det også en smertens dag for hende, da nogle vanartede børn på en højst brutal måde tog livet af hendes firbenede ven.

Denne episode tog meget stærkt på Grethe, hun blev ikke rigtig glad mere, tungsind tog overhånd, og nedbrød hendes helbred.

Løjte-Grethe døde den 6. marts 1918.

Hendes rigtige navn var Karen Margrethe Jørgensdatter, hun var født 26.juli 1848.

Hun blev fundet, liggende syg og forkommen i en stald i Skæve, hvorefter hun kom til sygehuset, hvor hun døde.

I kirkebogen stod hun opført som omstrejfende, ugift tiggerske uden fast bopæl.

Der er i eftertiden skrevet sange om dem, der er lavet figurer af dem, og deres gravstene skulle findes den dag i dag på Dronninglund Kirkegård.

Landpostbudene i Vendsyssel

Af Hans Jørgen Høy

Hermed en rigtig posthistorie klippet i Vendsyssel Tidende 6.
marts 1890

I "Vendsyssel Tidende" af 7de f. M. har nogle Kolleger anket over vor
Stilling over for Staten. Ja, jeg skal villig indrømme, at vi i Forhold til
andre statslønnede Embedsmænd ere for lavt lønnede, og vi må staa
Ryg mod Ryg og løfte i Fællesskab, hvis vi skal opnaa noget. Der må,
som I skriver, Enighed til. Der sluttes med de Ord: ved enhver Lejlighed
hævde vore Krav og søge at paavirke dem, som har Indflydelse. Ja,
men det er min Overbevisning, at den Lejlighed finder vi altid bedst
ved at indtræde i vor Forening i København, som kaldes
"Landpostbudenes Forening for Danmark". Den søger ved enhver Tid
og Lejlighed at komme til Orde hos højere Vedkommende, og med sit
Medlemstal, ca. 800, kan den altid virke bedre end enkelt Mand. Det er
nemlig Foreningens Opgave at yde os Sygehjælp, Begravelseshjælp og
Pension – ja, se efter i "Ugens Nyheder", der vil I finde de fleste
Oplysninger vedrørende Foreningens Formaal, Ja, der er vel dem, som
siger: hvor skal Pengene komme fra til Aarskontingentet. Ja, hvor
kommer Pengene fra, naar en syg Landpost skal lade en anden forrette
sin Tjeneste? Naar han er Medlem af Foreningen, faar han jo
Sygepenge daglig, og er man rask, saa kommer man vel ved Sparsom -
melighed over Kontingentet. Ja, Uniform og Kappe var jo rar om
Vinteren, men det var vel bedre, om vi fik Penge udbetalt til Klæder. I
flere Distrikter har Beboerne jo været saa venlige at skænke Posten
dels Regnfrakker, dels Penge, men der er jo godvillige Gaver, som man
ikke altid kan gøre Regning paa, da der jo ogsaa er Distrikter. Hvor Folk
ikke kan komme over at give Landposten en Regnfrakke, skønt han tit

og ofte er gennemblødt. – Derfor: Træd ind i Foreningen, og lad os derigjennem løfte i Flok, saa vil vi nok faa, hvad vi ønske, hurtigere end som paa anden Maade.

En Landpost

Lars Finn Brandborg Gjedsig
født den 25.01.1944 (Nygade 2)

BLADSMØRER, ORDSNEDKER, JOURNALIST, MIGRANT MED 27 FLYTNINGER, DET MAN VEL NÆRMEST KAN KALDE EN NOMADE, UDEN HUSDYR, MEN MED PEN?

SIDSTE GANG HAN FLYTTEDE BRAGTE HAN 62 FLYTTEKASSER MED SIG, I EN AF DISSE FANDT HAN DEN BOG SOM JEG "CITERER" FRA, MED FORLOV. HAN HAR LIGESOM ANDRE GAMLE VISNE MÆND HAFT ET HAV AF TITLER, SOM MAN IKKE LÆNGERE KAN HVILE SIG OP AD, MEN MON IKKE DEN SIDSTE ER DEN FORNEMSTE AF DEM ALLE; NEMLIG AT HAN NU ER BARNEPIGE PÅ "TULLEMUSEN". JEG HÅBER IKKE, AT DET ER LARS, DER DENNE GANG SKAL SIDDE OPPE PÅ HATTEPULDEN – GRINER!

Lars er søn af Agnes Gjedsig og Zonemand Niels Peter Carlo Jørgensen.

Her får du nogle af de små, morsomme historier fra hans bog om barndommen i Dyrlægegården, hvor hattedamen Rosa Nielsen, spillede er stor rolle.

Lars´ tidlige udsyn til den fortravlede verden, foregik fra toppen af en hattepuld (et træhoved), som fandtes i fru Rosa Nielsens hatteforretning i Dyrlægegården.

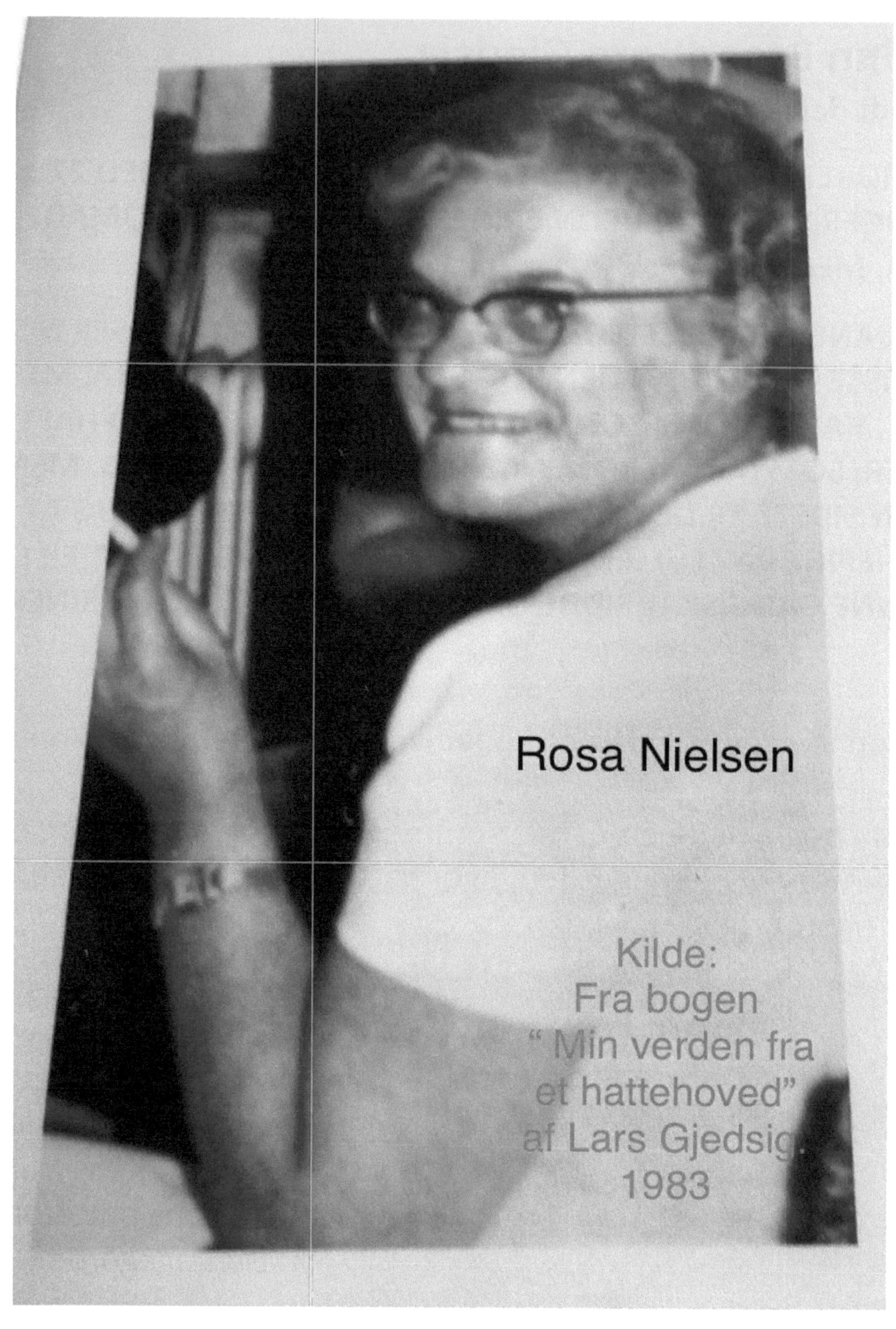

Rosa blev hans livs første kærlighed, og nok også den største, fortæller Lars i sin bog:

Kilde:
Streg af Palle Jørgensen
i Lars Gjedsigs bog "Min
verden fra et hattehoved"
1983

Min verden fra et hattehoved

Lidt fra et varmerør, der gik på tværs gennem hans mors fodklinik og skønhedsklinik, kunne han sidde og følge med i, hvad "kunderne" og mor Agnes sludrede om, når de enten "fik nyt ansigt" eller lavet tæer. Han sad der og ventede på, at fru Karnøe eller fru sparekassedirektør et eller andet ville slippe en femøre til fru Brandborgs lille, grimme rødhårede unge. Det er Lars selv, der beskriver sig sådan. Faldt der noget af, blev det hurtigt omsat hos slikkiosken "Momsen", som lå på den anden side af gaden. Han siger selv, at købmand Johansens udvalg var noget sjovere, for her var der en forunderlig duft af sild fra tønder og fra nymalet kaffe med videre.

Lars var resultatet af et ungt pars første forelskelse, uden nogen form for familieplanlægning. Agnes og Niels Peter var kun gift i en kort tid. Faderen var Zone-mand i Brønderslev, og mor Agnes drev en klinik for skønhed og fodpleje ovenpå købmand Johannes Johansens butik i Dyrlægegården Nygade 2.

Kilde:
Streg af Palle Jørgensen
i Lars Gjedsigs bog "Min
verden fra et hattehoved"
1983

En dag var hele Dyrlægegårdens børneflok ved at blive udryddet.

Mens flaskevaskekonen var til formiddagskaffe hos købmanden, listede vi os ind i vaskehuset og tømte sjatter over i en flaske eller to, som vi så smuglede ind i stalden under kornloftet. Her fandt vi en passende plads for vores orgie - og kastede os ud i drikkeriet.

Gud i din milde himmel, hvor blev vi syge. Et sandt under, at nogen af os overlevede. Jeg tror nok, vi alle kom på sygehuset og blev pumpet ud bagefter.

Radio Hansen

- der havde et godt ægteskab med fru damefrisør Hansen lidt længere nede ad Algade, som for øvrigt var den dame i hele byen, der lærte mig at bande bedst og grundigst og forresten havde et djævelskab af en pekingeser - denne samme radioforhandler Hansen havde anskaffet sig en af de gamle høje Ford-T-vogne.På en af de dejligste solbeskinnede eftermiddage havde Jørgen og jeg sat os til rette for at snakke drengesnak på den brede kofanger bag på Radio-Hansens bil. Vi havde flyverdragter og gummistøvler på. Vi sad godt - helt i vores gne tanker, og fik ordnet den verden, der var vores. Lidt snak om tøser og om, at vi skulle gå på "mol" i elektriker Eilertsens have.

Pludselig sagde det tøf, og bilen startede med et ryk. Før vi havde fået løsnet flyverdragtens seler, så havde radioforhandleren vendt kareten og var for fuld udblæsning på vej mod Nørregade med os to knøse slæbende bagefter. Vi klamrede os til kofangeren og fik slidt hæle og såler af vores gummistøvler.

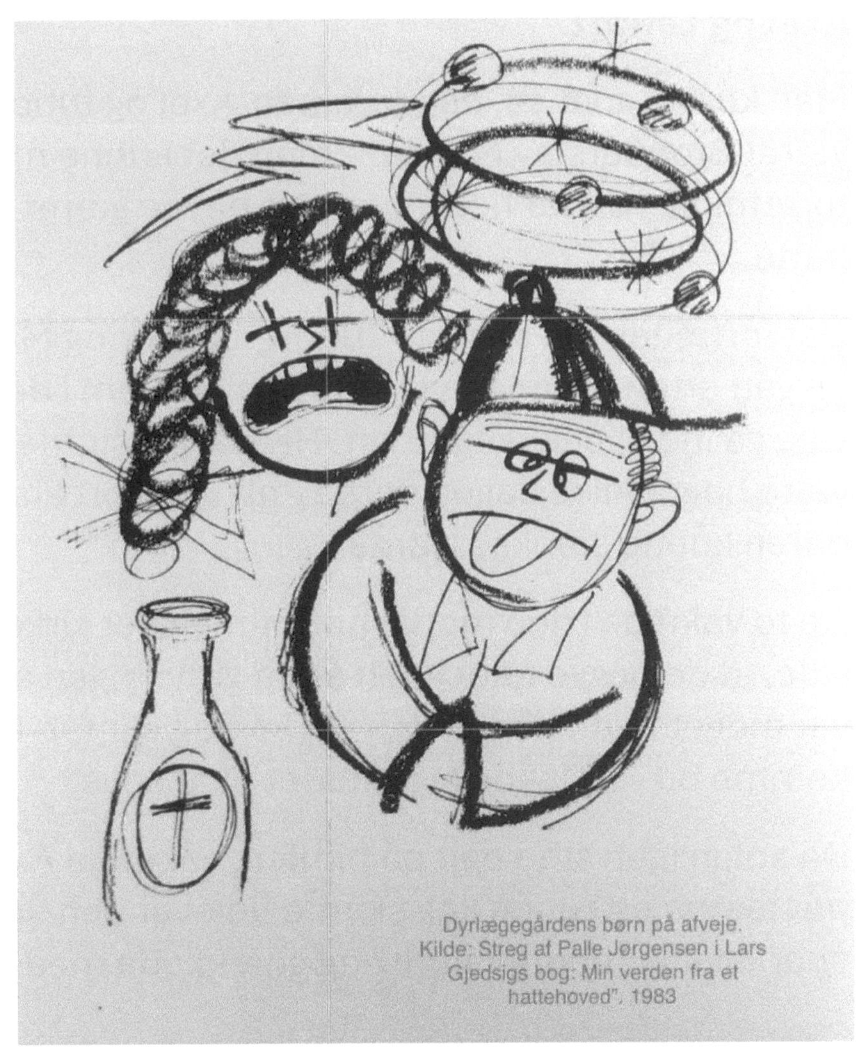

Dyrlægegårdens børn på afveje.
Kilde: Streg af Palle Jørgensen i Lars Gjedsigs bog: Min verden fra et hattehoved", 1983

Det var en ekspedient hos Karnøe, der havde set vores livs sidste time tæt på. Han fik ringet til hotel Brønderslev med den fart, det nu tog at komme igennem den manuelle central - og det var en tjener fra hotellet, som med skæv flip og med serveringsbakken slingrende på usikker hånd, der sprang de fem trin ned og fik standset Radio-Hansen på den anden side af posthuset.

Det var i hvert fald hos Rosa, jeg fik min trøst - og et kærligt ord med på vejen. For Rosa skælder aldrig ud. Rosa var og er nemlig mit livs kærlighed, skriver Lars.

Om den gang de flyttede jernbanen, som Rosa ellers havde stillet sit ur efter - uanset, togenes buldren havde generet meget. Men støjen var dog intet imod den "nøgne Gyda", skulptur, de plantede udenfor hendes forretningsvinduer.

Axel og Lauritz

Man kunne godt se, på marcipan-Axel og tuborg- Lauritz, at det havde været Brønderslev Marked - men det kunne man også på salget i forretningen, hvor hele oplandet havde været hos Rosa for at købe nye hatte.

Det fortælles om samme Tuborg-Lauritz og Marcipan-Axel, at de efter en våd aften på kroen ville slå genvej hjem i den mørke nattetime, de ville gå ind over kirkegården. Helt appelsinfrie var de ikke. Der skulle være begravelse dagen derpå - alt var gjort klar fra graverens side, så båren kunne sænkes i jorden.

De to vaklede i den mørke nattetime over kirkegården - og uheldet ville, at de begge faldt i den åbne grav. Ingen af dem var høje - begge var meget fulde - og jorden var våd og slimet. De opgave forsøget på at komme op - og lagde sig i stedet til at sove.

Da solen igen stod højt på himlen, vågnede Axel. Han havde rejst sig på tæerne og kunne lige skimte ud over den store kirkegård. Han fik sparket liv i Tuborg-Lauritz og gnækkede med sin særprægede vendelbostemme: "Lauritz - Lauritz - se - opstandelsens dag - og vi er de første!"

Kilde: Afskrift, omtrent, fra Lars Gjedsigs bog "Min verden fra et hattehoved" som blev udgivet i anledning af Rosa Nielsen 70-års fødselsdag den 31. maj 1983.

Rosa Nielsen havde sin forretning i Dyrlægegården og den hed Elegance. Rosa var datter af købmanden i Hvilshøj.

PS. Jeg har fået Lars ´ tilladelse til at tage klip fra den nævnte bog og et par stykker mere, for at kunne lave min beretning.

Min kusine Connie Gerd Rasmussen, har fortalt mig følgende:

Ja, marcipan-Axel ham husker jeg fra barn af. Hvis jeg var med min far "Tage" henne i byen, stoppede far altid op for at snakke med Axel.

Min far fortalte, at Axel havde fået tilnavnet "marcipan-Axel", fordi han altid havde et stykke marcipan i lommen, som han af og til spiste af.

En overgang i 1960´erne boede han til leje i et kælderværelse med store vinduer, over jord-niveau hos mine forældre, og en gang kørte min far og bror Axel til hans fødegård, som lå mellem Randers og Viborg.

Læge Peder M. Sørensen, Vrensted – Mit liv

P.M. Sørensen f.1918 d.2000

Født 1918 Sdr. Saltum. Student 1936 Sorø. Cand. med. 1944
København. Embedslægeeksamen 1960. Hospitalsuddannet på
Aarhus Kommunehospital Marselisborg 1944-47. Praksis i Vrensted
1947-85. Vikariater i Sverige 1986-89. Formand for skolenævnet
Brønderslev Gymnasium 1973-78. I studietiden kollegierådsformand
og formand for medicinske studenterråd. Haft tillidshverv i Den alm.
danske Lægeforening, medl. best. Hjørring amts Lægekredsforening.
Formand for sygekasseudvalget, medl. Jyske centraludvalgs
forhandlingsudvalg, best. Jysk med Sel. skab, praksisrepræsentanten
i Nordjyllands amts voldgiftsret. Medl. af Den alm. danske
Lægeforenings etiske råd 1975, formand 1979-80. Tildelt mindelegat
for brygger I.C. Jakobsen 1968 Æresmedlem af Nordjyllands
lægekredsforening 1986.

Vrensted lægen P.M. Sørensen, fortæller om sin slægt, barndom og ophold på Sorø Akademi.

Han var borte fra Vendsyssel, under uddannelse i 14 år, inden han i 1947 vender tilbage og nedsætter sig som praktiserende læge i Vrensted.

Historien er fra 1991 i Barn af Vendsyssel.

Noget om en sølvske.

Jeg sidder her med en gammel sølvske, der altid har været i min mors slægts eje, og som jeg har fået pålagt at passe på. På skebladets bagside er der graveret en bladkrans, og i dens midte er skrevet:

LNSB

DIDB

1635

Det er helt sikkert en bryllupsske, hvor øverste linje angiver brudgommens navn. F.eks. Lars Niels Søn og sognet Børglum. Nederste linje brudens navn. F.eks. Dorthea Iens Datter og sognet Børglum.

Vi ved, den stammer fra Stenbjerggård, der dengang hørte til Børglum sogn, og ved giftermål er den kommet rundt på gårdene her på egnen og i Hvetbo herred og befandt sig, da min mormor var en ung livslysten pige, i hendes hjem: Lykkegård, Vester Hjermitslev.

Min oldefar Christian Frandsen f. 1834 og oldemor Kirsten Madsdatter ansås for at være dygtige folk med orden i tingene. Derfor havde de allerede tidligt bestemt hvem af pigerne, der skulle have forskellige arvestykker. Således skulle Maren min mormor, og søsteren Stine, have to lysestager af yngre dato.

Og pga. samme ordenssans og sparsommelighed sagde forældrene nej, da Maren bad om penge til et par nye sko til et forstående bal.

Så skete noget frygteligt en formiddag. Da oldefar kom hjem til middag, havde Maren solgt sin sølvske for 10 kr. til en omvandrende handelsmand, og nu skulle hun ud og købe sko.

Oldefar satte alle hensyn til side og helmede ikke, før han havde sporet handelsmanden og fik handlen gjort tilbage.

Nu var han jo ikke rigtig rolig ved, at Maren atter havde ansvaret for skeen, og derfor overtalte han den, efter hans bedømmelse, mere stabile Stine til at tilbyde sine to pæne lysestager i bytte for sølvskeen. Så faldt der ro over den sag.

Maren blev med eller uden nye dansesko gift med min morfar, Peder Madsen Poulsen, Østrup, hvis gård så langt registrering rækker, har tilhørt samme slægt. Her blev min mor, Ane Marie Povlsen, født 7. feb.1891.

Stine blev gift med Jens Peter Møller fra Østrup, og de fik Søndergaard i Vrensted, som er nærmeste nabo til præstegården. Jens Peter Møller blev sognefoged, men døde tidligt. Enken, Stine Møller, blev en hel institution i Vrensted, myndig, afholdt og en højt skattet nabo for 3-4 præstefamilier.

Da Gitte og jeg som purunge i 1947 kom til Vrensted og startede lægepraksis, efter at jeg havde været borte fra Nordjylland i 14 år og Gitter var indfødt Århusianer, var Stine Møller en stor støtte i tilpasningsprocessen. Jeg var læge for hende.

Og nu kommer så slutningen på skeens historie: Engang, da Stine Møller var langt oppe i firserne og havde overlevet et svært sygdomstilfælde, blev jeg kaldt til gården. Alle børnene var til stede. Stine sagde: Jeg har en gammel ske her. Vi er enige om, at nu skal den tilbage til, hvor den hører hjemme. Pas godt på den. Jeres ældste datter skal have den efter dig, for hun er opkaldt efter din mor, Ane Marie, og det var jo mig, der vågede ved din mor, da hun døde fra i tre små børn.

Noget om min far og hans slægt

Se evt. også Thyger Rugholm, En vendelboslægt 1949. ajourført af Danske Slægter, Aalborg. 1986.

Farfar: Søren Jensen Sørensen f. Hune Brogård 1865. død 13-12-1930 Gårdejer i Pandrup og sognerådsformand i Jetsmark. Farmor: Ane Kirstine Larsen f. 1860 i Tvilstedgård, Pandrup blev 91 år. Far: Lars Pedersen Brogård f. Hune Brogård 27-2-1887, død 8-7-1973. Gårdejer Sdr. Saltum og sognerådsformand

Redaktør C Nørrelykke, Vendsyssel Tidende, havde en periode et afsnit i avisen, han kaldte Søndagsbrevet 12-9-1971 handlede det om selve det at skrive breve: Det er sagt, at det er en kunstart i forfald. Og det vil han modbevise ved bl.a. at citeret fra et brev, han har fået fra min far:

Forleden modtog jeg et brev fra en 81-årig forhenværende bonde formet på en sådan måde, at hvert ord var et brudstykke af et livsmønster omhandlende beskriverens menneskelige baggrund og en svunden tids menneskelige og sociale vilkår. Brevets strengt personlige form gør, at jeg her kun skal gengive et enkelt afsnit.

Jo, jeg fulgte med mor og far i marken den første høstdag. Far høstede og mor bandt op, og det var især rugen, som blev høstet med stor omhyggelighed og ærbødighed. Den skulle jo give brød til hele familien i et helt år. Jeg har selv tærsket rug med plejl på et lergulv. Vi havde altid skiftetræsko. At komme ind i loen direkte fra kostalden var strengt forbudt. Træskoene var jo snavsede, og rugen skulle jo blive til brød

Mon ikke nok jeg har fortalt dig, at min far var fra en stor gård ude bag klitterne. De såede hvert efterår 10 tdr. land med rug, og så døjede de endda med at brødføde sig selv. Far, som var den ældste, fortalte, at da den sidste af hans søskende blev født, det var den 11. kom en bror ud i kohuset, hvor en anden bror gik og græd. Hvad græder du for, spurgte han, og han svarede: Jeg synes, vi bliver så mange. Det var brødet, han tænkte på, for til tider var der 15-16 mennesker på gården, som skulle mættes. Derfor var det heller ikke så sært at min bedstemor sommetider kunne virke sørgmodig. Meget andet skulle jo gøres. Der skulle stoppes, lappes og strikkes, og der var også udearbejde at klare. Men når bedstefar mærkede, at bedstemor var i dårligt humør, gik han hen til hende, og tog hende om livet og sagde: Lillemor, vi skulle vel ikke køre en tur i byen. Og hendes svar var altid: Jo far, det vil være skønt. Og så kørte bedstefar dem altid et sted hen, hvor de havde det mere småt end hjemme hos dem selv, og dette var nok til at bedstemor blev glad igen.

Den beskrevne gård er mine oldeforældres, Hune Brogård, som kendt af de ca. 300.000 årlige gæster i Fårup Sommerland. Stuehuset ligger smukt restaureret lige ved indkørslen, hvor man betaler billet.

Farfar og farmor købte gård i Pandrup, og hans rige evner fik han stærkt brug for i offentlige hverv. Således var han i 24 år uafbrudt, sognerådsformand 1907 til 1930 i Jetsmark kommune. Ved et sognerådsmøde blev han smittet med en stærk forkølelse, som udviklede sig til lungebetændelse og en uge efter var den stoute mand død. Det var før sulfa og penicillin blev opfundet. Ved begravelsen kunne den store Jetsmark kirke knap rumme det store følge, der også talte Amtmand Wullf i galla.

Det er interessant at læse nekrologerne 15-12-1930 i de borgerlige aviser: Aalborgs Amtstidende, Aalborg Stiftstidende op Vendsyssel Tidende. Vendsyssel Tidende skrev således til slut: Efter at have været medlem af Jetsmark Sogneråd nogle år, valgtes han fra nytår 1907 som formand denne gerning har han med stor dygtighed varetaget siden, altså 24 år. Det er en bestilling, der i en stor kommune kræver meget af sin mand og da særligt i de senere år, men Søren Jensen Sørensen har vist at han har kunnet bestride den. Selv om der var delte meninger om en ting, var han ikke den der straks for op, nej han tog roligt og besindigt på sagen og søgte på en stilfærdig måde at få et godt resultat ud af forhandlingerne. Han havde folks agtelse og tillid, og budskabet om hans død vil vække beklagelse over hele sognet. Ved de seneste sognerådsvalg er han hver gang opstillet som nr. 1 og valgt med det største antal stemmer.

Det er med særlig glæde, at jeg kan citere nekrologen af 17.12.1930 Nordjyllands Socialdemokraten i Aalborg: Afdøde var en dygtig kommunal mand. Den 1. april 1921 oplevede Søren Jensen Sørensen, at det kom to socialdemokratiske medlemmer i Jetsmark Sogneråd, og siden har vort parti været repræsenteret. Vi som har haft samarbejde med afdøde, vil gerne sige, at han var en fordragelig og behagelig mand at have samarbejde med. Han har aldrig set os over hovedet, men tog lige hensyn til vor mening som til hans egne partifællers.

En episode fra hjemmefronten

I forbindelse med farfars offentlige gøremål. Hjørring-Løkken-Aabybro jernbane blev åbnet i 1913.

Som repræsentantskabsmedlem skulle han deltage i en festmiddag i Hjørring, hvor også Hans Majestæt kongen sad med til bords.

Hvad nu med påklædningen? For farfar var der ingen tvivl, han ville møde med sit pæne sorte kravebryst. Men drengene, min far og farbror Kristian, havde på det tidspunkt set andet end Pandrup og sagde, at det hører sig til med hvidt stivet kravebryst. Og da farfar ikke ville anskaffe sig det, gik de hen i Fransk Vask og Strygning og bjergede sådan en sag og under lidt protest fik de det anbragt på festdeltageren før afrejsen til Hjørring.

Da farfar kom hjem sagde han: Det var godt nok sådan de andre så ud, men aldrig nogensinde mere skal i få mig i sådan noget træls tøj.

Far og socialloven

Far stod sin far meget nær. Far kom på Bælum Højskole og Præliminær kursus. Forstander Villumsen, tror jeg nok han hed, støttede far meget i hans ønske om at blive rigtig cand.jur, og ikke dansk jurist, og hjalp far med at skrive et brev hjem til farfar, om han kunne regne med at få 10.000 kr. hjemmefra, for det ville et universitets studium koste.

Farfar svarede tilbage, at han nok kunne få 10.000 kr., hvis han ville læse til præst, men ville han være sagfører, kunne han kun få 5.000 kr for: Jeg vil nødig, du skal blive en kæltring.

Så måtte far vende tilbage til landbruget, men hans trang til at fordybe sig i bøgerne og specielt trænge til bunds i sociallove holdt sig hele hans lange liv ud.

Da han selv blev sognerådsformand i Saltum-Hune kommune 1933, udkom Steinckes socialreformlov samme år. Mange love blev samlede og forenklet i et eneste stort lovkompleks. Far, som var æresmedlem af partiet Venstre, forsømte ingen lejlighed til at fortælle os børn, at socialdemokraten Steinkes sociallov var retfærdig og god. Han kunne den til sidst så godt, at han flere gange blev ringet op fra Hjørring og spurgt , hvordan fortolker du den paragraf?

Han læste lovstof ved middagshvil og til langt ud på natten og havde vi ikke haft vores nye stedmoder og min storebror Søren, var landbruget vist gået i fisk i mit hjem i Sdr. Saltum.

Mor.

Mor og far blev gift 4-11-1913. De havde købt Vrå-Gård i Hundelev, der var en god gård, som gav godt udbytte, men den havde meget besværlig vejforbindelse til omverdenen.

Min storebror Søren blev født der i 1915. I 1918 solgte de op købte Vestergård i Sdr. Saltum, hvor jeg blev født i 1918 og min søster Maren 1921.

Vestergård var ved overtagelsen stærkt præget af at ejendomshandlere havde haft den under behandling. Det blev landbrugsmæssigt en barsk start, men det lykkedes at få driften ordentligt i gang.

Værre var, at mor blev syg af tuberkulose og slet ikke blev rask efter Marens fødsel. Mor døde 29. januar 1923.

Efter forgæves sanatorieophold blev mor plejet hjemme i havestuen, men far blev ved at bevare håbet og tilkaldte også læge fra Aalborg, Kuren dengang var jo frisk luft og fed kost. Tuberkelbacillerne skulle indkapsles i fedt. Mor, der lige som far, var af en høj slank familie, blev rund, som man ser det på det eneste fotografi, der eksisterer af den samlede familie. Det er karakteristisk, at Maren sidder på fars skød, ikke på mors. Vi måtte ikke blive smittet, og bortset fra en kalkskygge i min lunge som tegn på en ophelet proces slap vi alle tre fri af sygdommen.

Men endnu husker jeg lyden af sygeplejerskens knirkende sko, endnu husker jeg, hvordan jeg kunne stå i dagligstuen ved døren ind til den sydvendte havestue, og mor opfattede det og spurgte: Er det dig Peder, Ja, Kom bare. Og så listede jeg ind til mor. Her har du en sukkerknald, men så skal du også gå, sagde hun med et vemodigt smil. Jeg husker, da mor skulle begraves. Hun lå i kiste inde i stuen. Søren på 7 år gik med foldede hænder rundt om kisten rundt igen: men der var ikke noget at gøre. Jeg på 4 år og Maren på 1 1/2 år forstod nok ikke, hvilken katastrofe, det var.

Igennem mit voksne liv har jeg søgt oplysninger om, hvordan mor egentlig var. Som læge på hendes hjemegn har jeg truffet mange mennesker, som har kendt hende fra mange forskellige synsvinkler, som medlem af familien, som ungdomsveninde, som højskolekammerat, som bondekone, og som madmor overfor tjenestefolk, og der står for mig et mere tydeligere billede. Hun sang meget til sit arbejde, hun var altid tilfreds, livlig og udadvendt, god mod sine tjenestefolk. Og så var hun den man sendte bud efter, hvis det var rav i den et eller andet sted. Hun kun få folk forliget.

Efter mors død fulgte nogle meget svære år. Far lærte os at bede vort fadervor, og det blev der rigeligt brug for. Efter nogle år med skiftende husbestyrerinder blev far i 1927 gift igen, det var i Budolfi Kirke

Ny mor

Far blev gift med Kristine Klitgaard f. 20-3-1893, som en tid havde været husbestyrerinde hos os. Hun var af en gammel Hasseris gårdmands slægt møllerdatter fra Gammel Hasseris mølle. Hun tog den store opgave på sig. Det var godt hun kom. Navnlig nu som modne mennesker, er vi taknemmelige for det, og for at vi i 1928, 1930, 1931 og 1935 fik fire gæve søskende, hvoraf den ældste Klitgaard sammen med sin Rise førte vores barndomshjem videre på bedste vis.

Kristine var flittig og dygtig til al husgerning og lærte os mange gode ting, gode skikke, som kom os til nytte sidenhen, og var først og sidst far en uundværlig støtte, hvilket ikke mindst blev nødvendigt, da han fra 1919 kom i Saltum-Hune sogneråd, hvis formand han var i 9 år,

Utallige er de kopper kaffe, Kristine serverede for utallige mennesker i de år.

Stuen hjemme var jo også kommunekontor. Her var typisk langbord med fast bænk. Far sad ved køkkenenden, hvor også telefonen var. Folkeregister og pengeskab var der også plads til,

Klienterne, hvis man kan kalde dem det, kunne være mange slags, og hvis Steinckes sociallov ikke slog til så- ja her kan jeg bedst citere, hvad Kristine sagde til Vendsyssel Tidende ved fars 70-års fødselsdag: Ja, min mand havde i hvert fald svært ved at sige nej, og når han var med til det, så skete det ikke så sjældent, at han kom ud i køkkenet til mig og sagde at jeg var nød til at give denne eller hin en rullepølse med hjem, og selv om vi havde slagtet godt, kunne det unægteligt godt medføre svind i beholdningen.

Klienterne kunne også være lærere, der søgte stilling. Jeg husker, da embedet som 1. lærer i Sdr. Saltum skulle besættes. Det var 76 ansøgere, i en tid, var det næsten hver aften en ansøger, der bankede på døren Selv sad jeg engang og gennemlæste alle ansøgningerne. Nogle havde meget høje eksamener. Det gav stof til eftertanke.

Børnenes hverdag

Til at passe på os, da vi var små, havde vi en stor sanktbernhardshund, som vi var helt fortrolige med. Den vogtede os nidkært.

En morgen stillede politiet i gården. I nattens løb var nogle får i dalene Sydest for Saltum Teglværk blevet mishandlede eller blevet drevet ud i tørvegravene, man mistænkte nu vor hund. Vi havde selv en jordparcel der til tørveæltning og til får på græs Hunden fik brækpulver og afslørede uldtotter i opkastet. En foxterrier havde lokket den på afveje eller omvendt. Men det var ingen vej udenom. Den blev skudt.

Som nabobørnene kom vi tidligt til at gøre nytte, Maren blev i flere år en uundværlig barnepige. Søren havde et stort ansvar som ældst og blev hele livet den, vi andre søskende spurgte til råds.

Jeg var høver dreng som mine jævnaldrende. Arbejdsdagene var lange som vore tjenestefolks.

Gårdens hovedkraft var vindmøllen, og den skulle udnyttes hvis det blæste. En stor sag var at få tærsket årets høst. Jeg husker sådan en februar dag.

Jeg var inviterer til en klassekammerats fødselsdag. Så blev det blæse- vejr og vi skulle tærske, og jeg skulle hjælpe til. Min plads var oppe i ladegulvet, hvor jeg skulle hjælpe med at tage halm fra og stoppe det ind bagved. Der, højt oppe under pandepladerne begravet i halm, som karlen stangede op, og som ikke altid blev fjernet hurtigt nok tilbragte jeg så den eftermiddag, hvor de andre drak chokolade og legede. Det var en lang dag.

Nu mange år efter er jeg kommet til at tænke på, om far i virkeligheden ville beskytte mig mod smitte, idet der nogle år tidligere havde været tuberkulose tilfælde i pågældende hjem.

Men skønne minder er nu i flertal. Det at tærske kunne også være fornøjeligt.

En dag var vore to karle ved at tærske rug med plejl. Jeg kom ud til dem, var vel ca. 8 år og så sagde den ene til den anden: Den spirrevip kunne nok hænges op på væggen i bare et rugstrå, Nej da, sagde den anden. Vil du vædde spurgte den første. Og det gjorde de så. Jeg skulle lægge mig ned på logulvet og tage strømperne af. Så tog forkarlen et godt langt rugstrå. Mine to store tæer lå tæt ved siden af hinanden, og så førte han rugstrået i gentagne S-tals ture rundt om storetæerne, fæstnede enden, tog mig i fødderne med hovedet nedad, og hængte mig op på et stort spiger på lade væggen. Han vandt!

Endnu et skønt minde. Jeg sidder her med et fotografi fra ca. 1928 set udenfor Sdr. Saltum forsamlingshus, som ligger på et hjørne af jorden til Vestergård. Danselærer Ad. Christensens danseskoleelever hvo ca. 40 store og små børn, også Søren, Maren og jeg er på.

Jeg glemmer aldrig den første undervisningsdag. Det var om vinteren Jeg ville ikke med og gemte mig. Stor opstandelse. Endelig fandt de mit skjulested, nedenfor bakken dybt inde i naboen, Søren Vestergård, roekule, hvis stivfrosne vægge dannede et solidt skjold, en god bolig for dem der ville skjule sig. Jeg blev hentet op i forsamlingshuset, og endnu husker jeg, at den noget ældre Klara Kusk venligt tog sig af mig, tusind tak skal Klara have. At danse vals er stadig en af mine store glæder nu som ivrig seniordanser.

Skole

Vi gik i Sdr. Saltum skole hos to gode lærere. August Villadsen og Jens Poulsen. Der var to klasseværelser; de store gik i skole to dage om ugen i sommeren og fire dage i vinteren og de små omvendt. Det var en god skole

Hjemmedåb

En dag, det var 21. maj 1928, blev lærer Poulsen midt i vores skoletid kaldt op til mit hjem. Min ældste lillebror var lige blevet født 16. maj. nogen tid før beregnet, vejede kun 4 pund, og man skønnede at der var fare på færde, han skulle hjemmedøbes. Der klarede lærer Poulsen hjemme i soveværelser. I farten kunne de ikke bestemme sig for et navn og diplomatisk foreslog læreren, at han kunne få mors pigenavn, Klitgaard, som mellemnavn, og han blev døbt Klitgaard Sørensen. Om han skulle leve, kunne han altid i kirken få et fornavn. Til glæde for os alle levede Klitgaard og overtog senere vort fødehjem, men Klitgaard forblev hans eneste fornavn.

Læreren ændrer børns livsforløb.

En dag kom lærer Poulsen op på gården og sagde til far og Kristine, at de skulle tage mig ud af skolen. Jeg kom på Aabybro Realskole. De tre år jeg gik der fra 1930, til jeg i 1933 tog mellemskoleeksamen, var en mærkelig og vanskelig overgangstid. Det var der flere grunde til. Der var krisetider, der ikke mindst ramte landbruget. Hjemme var brug for alle hjælpende hænder. Jeg husker en sommer, vi byggede ny kostald. Vi havde ude i laden midlertidige svinestier med nogle søer, der skulle fare. Jeg sad og skulle passe to søer, der var ved at få grise. Men jeg skulle også læse til eksamen i geografi, som jeg skulle høres i om eftermiddagen i Aabybro. Fra aktiviteten som fødselshjælper kom blodpletter i geografibogen. Jeg blev afløst og cyklede via Toftegården ved Vildmosen til eksamen og tilbage til søerne igen.

Det føltes naturligt og ligetil. Alligevel følte jeg ofte dårlig samvittighed overfor mine to søskende, når jeg sad og læste, fordi de altid skulle bestille så meget ved gårdens daglige drift sammen med Kristine. Far var tit til møde eller sad på kontor.

Men hvad det var virkelig tungt at bære, var prisudviklingen på svin. Jeg husker juledag, posten havde været der. Der var også en afregning fra slagteriet på tre fedesvin. Ingen af dem havde kostet 30 kr. Der var fundet nogle sygdomstegn. Far sad alene inde i havestuen og græd. Bare jeg kunne have trøstet ham.

Hvad nu efter mellemskoleeksamen? Der var jo 30 km til både Hjørring og Aalborg, hvor der var gymnasium.

Søge Sorø Akademi

Tidligt på foråret fik vi et godt råd af en nabosøn, Søren Gammelgaard (Jacobsen), som var stud polit. og boede på Regensen. Det er ham, der senere blev Danmarks første overvismand og rektor på Aarhus Handel højskole. I skal prøve at få drengen ind på Sorø Akademi..

Og det blev målet. På den skole meldte sig i 1933 3 gange så mange ansøgere, som de kunne tage, og vi, der ønskede os i sprogligt gymnasium, skulle have bestået latinprøven forinden. I Aabybro havde vi ikke latin på timeplan Skolebestyrer Okkels tog så ved påsketid et lille privat hold i sit hjem om aftenen indtil juni, så jeg i den periode kørte to gange dagligt med toget Saltum-Aabybro t t/r,

Optagelsesprøven i Sorø var en torsdag fra kl. 8.00 morgen, hvor jeg onsdag eftermiddag var til sidste eksamen i Aabybro. Lærerne i Aabybro var flinke til at tage mig op i det første hold op ret hurtigt derefter udfærdige mit eksamensbevis, som blev forsynet med frisk rødt lakstempel. Med det drog jeg videre til Aalborg, hvor jeg skulle møde far på Odd Fellow, hvor han var med Saltum teglværksfolk på den årlige udflugt.

Far havde bestilt natsovevogn, og velinstalleret i vores kupé satte jeg mig ved den lille bordklap ved vinduet og terpede Mikkelsens grønne latinbog.

Da vi om morgenen ankom til Sorø Akademi, blev ansøgerne delt op i grupper på fire-fem stykker i hvert klasseværelse, og i dages løb kom så vores kommende lærere og eksaminerede os i deres fag.

Da dommen faldt sidst på eftermiddagen, skete det på den måde at rektor Råschou-Nielsen stod op på bænken på Stengangen op læste navnene op på dem, der slap ind. Der blev grædt meget rundt omkring.

Jeg var heldig. Vi skulle komme ind på rektors kontor og afhente de papirer, vi havde med. Stor var min forbavselse over, at min konvolut fra Aabybro Realskole slet ikke var åbnet. Gennem den uåbnede konvolut mærkede man endnu duften af laksejl fra i går eftermiddags.

Af de optagne elever fik halvdelen i løbet af sommerferien alumneplads på akademiet, resten måtte bo ude i byen. Også der var jeg heldig og kom til at blive en rigtig soraner fra starten.

Jeg var lige fyldt 15 år, og der skulle nu gå 13 1/2 år borte fra Nordjylland, hvor jeg boede 3. år på Sorø, 4 år i Aarhus. 3 1/2 år i København og atter 3 år i Aarhus.

Soranerliv

Når nu artikelserien hedder Barn af Vendsyssel, synes jeg, det er rigtigt at fortælle om, hvordan det føles for barnet totalt at skifte miljø, bo på en kostskole 300 km fra sit hjem med mulighed for at komme hjem 4 gange pr. år, bo på femmandskamre, hvor vi sad omkring er rundt bord med skabe til tøj og bøger langs de to sidevægge, i krogen en brændekakkelovn, vinduet vendte ud til Fratergården og Fraterbrønden med den store Sorø Kirke parallelt med hovedbygningen, hvor alumnat lå øverst oppe med værelser til 64 drenge i alt. Korsgangen havde for hver ende en sovesal til 32 drenge. Sengene stod tæt, inspektionshavende lærers soveværelse gik som en niche ind i sovesalen, en lærer til hver sovesal.

Midt på korsgangen var vinduet såvel ud til Fratergården mod nord som ud mod akademihaven og Sorø sø og skovene mod syd.

Når jeg kom hertil fra Vestergård i Saltum, hvor vi fra haven kunne se ud over Vildmosen til Aalborg op fra gården mod vest kunne se Hanstholm Fyr og mod nord Rubjerg Fyr, følte jeg mig lukket inde. En lille trøst var det, at et sted på den anden side af søen var en lysning i skoven og der kunne man om aftenen på jernbanen København Korsør se den oplyste nat ekspres køre hjem til Jylland. Det var måske en fattig trøst men det smagte da altid lidt af kontakt med Vendsyssel,

Aksel Dahlerup, den senere generaldirektør for Statsradiofonien som på det tidspunkt kørte en serie, der hed Hørebilleder fra daglivet, var en dag på Sorø Akademi for direkte optagelser og interviews. Som eksempel på kamrene valgte han vort nr.11, fordi han syntes, der var repræsentativt, Kammeduksen, elev i 1.g, som jeg, var fra Svendborg, jeg var fra Vendsyssel. En i realklassen var fra Leningrad, én i 4. mellem var fra Færøerne og så var der en Københavner. Desværre fik vi ikke tid til at underrette vore hjem om at nu gik vi i luften, men nogle på min hjemegn hørte udsendelsen. Dahlerup var meget grundig og elskelig. Det var jo en stor begivenhed for en 15-an dreng i 1933.

Sprogskifte.

I min egen klasse var ingen fra Jylland. Selv om eleverne var fra alle aldersgrupper, fra adelige og nedefter, var der ingen sociale klasseskel, for vi gik i uniform. Men der var meget mobning, drøjt, som vi sagde. De, der som havde boet der i mellemskolen, ca. halvdelen regnede ikke de nye for ret meget. De benyttede enhver lejlighed til at drille, og for læseren må jeg jo erkende, at det jeg blev drillet med, var mit sprog Vendelbotonefaldet afsløredes ved hvert ord. Det eneste sted, det var til nytte, var i engelskundervisningen, hvor lektor Juul Mortensen (psykiateren Ebbe Linnemanns far) benyttede mig som eksempel på korrekt udtale af det engelske w. Han var en støtte for mig.

Marcus

Helt enestående var lektor Marcus Pedersen, gift med rektors datter Elisabeth. Han havde selv været hele sprogskolen igennem, idet hans hjemby var en gård i Hvorup.

(se Barn af Vendsyssel IV K Axel Nielsen s. 16).

Marcus var en højt estimeret lærer og var dansklærer, og endnu får jeg hvert år til jul et to siders tæt skrevet kort fra ham. i 1990 dog skrevet af fruen Lisbeth. Han er nu 97 år og sengeliggende. Marcus har i mine læge år i Vrensted hjulpet mig med at få en halv snes unge vendelboer ind på Sorø Akademi. En enkelt af disse har endog inviteret Gitte og mig til sin disputats, en anden underviser på Odense Universitet.

Når jeg fik mine danske stile tilbage, var de fulde af hans røde rettelser. Stavningen og tegnsætningen var der aldrig noget galt med, men sprogbrugen, hvor jeg oversatte vendelboordene direkte til rigsdansk mange, mange fejl, fordi man ofte slet ikke brugte den vending på dansk. Marcus boede med sin familie i Klosterporten, der forbinder Sorø by og akademi terrænet. Børnene Aage og Else havde måske sommetider nogle snævre udfoldelsesmuligheder. I hvert fald husker jeg en morgen, hvor Marcus Pedersen stod ved klassens vinduer der vender ud mod søen, sukkede og sagde,

Jeg siger så til Lisbeth når børnene er utidige, var vi dog, som i mit hjem, havde en stald at slippe dem løs i.

Det var nok sådanne tanker, der gjorde, at han fik mig til at rødme af skam. Vi havde fået et stilemne: Fortal om dit værelse. Da vi fik dem tilbage, begyndte han timen med at læse min stil op fra ende til anden Jeg beskrev bl.a. udsigten hjemmefra, der vekslede med årstiden, hvordan kreaturene om foråret blev blev drevet eller kørt ud til sommergræsning i engene, hvor man kørte ud og gravede tørv lavede tørv i Vildmosen og arbejdede med at tørre tørvene og få dem Kørt hjem. Synet af de store læs med duftende eng hø etc., Marcus drømte helt sikkert hjem til sit eget kære hjem, som lå på den anden side af Vildmosen, og som han aldrig glemte at rose. Hvorfor rødmede eleven? fordi jeg aldrig på det tidspunkt havde haft mit eget værelse.

Nå, efterhånden aftog drilleriet. På sportspladsen var det ikke noget i vejen, hverken ved cricket tennis eller roning. Sorø-to'er uden styrmand – vandt dengang europamesterskab, og hele byen var illuminerer da de to kom hjem fra Budapest og blev modtaget på rådhuset. Vi måtte ro i gymnastiktimerne og havde adgang til almindelige robåde i ture på to timer.

Jeg blev skolens håndbold og fodboldmålmand i kampene mellem de forskellige kostskoler.

I 2. og 3. g. skulle vi bo på gymnasiet, hvor der var to mands kamre. Det var en af de store dage i mit soranerliv, da en af de gamle Ole Fog Poulsen fra min klasse spurgte mig, om jeg ville bo sammen med ham næste år. Det gjorde vi så de to sidste år. Jeg fyldte 18 år under min studentereksamen. Det var en stor dag.

Rektor boede i den høje gule bygning, der dannede Fratergårdens vestende, gymnasiet vendte ud til rektorboligens gårdsplads

Om morgenen, da jeg lukkede døren op ud til gården, kom rektor ud på sin hovedtrappe og råbte over til mig: Tillykke Peder. Tak Rektor. svarede jeg og bukkede dybt. Siger du ikke tak i lige måde. Rektor anede ingenting om min 18års fødselsdag, men tænkte på, at der i dag var Sorø Akademis 350-års fødselsdag, og der skulle være fest. Kong

Christian X. dronning Alexandrine og de nygifte, kronprins Frederik og den svenske kronprinsesse Ingrid, kommer. Vi i ældste klasse dannede spalier under besøget i rektorboligen. Ved den store officielle handling i festsalen stod to af klassekammeraterne æresvagt. Erik Bruus de Neergaard (Aalborg dommeren) og en anden og lige så høj og flot elev, fik hver et sølvcigaretetui med kongens monogram i guld, da rektor var i København for at takke for kommandørkorset. Professor Ville Andersen var den uforglemmelige festtaler.

De uvurderlige år på Sorø Akademi var isprængt gode ferier i Saltum. Jeg glemmer aldrig en juleaften, hvor en af mine små søskende var lidt syg. Hun sad på mit knæ ved juletræet. Pludselig sagde hun: Nu hjælper det på mig! Så følte jeg mig rigtig velkommen hjem.

Et sted jeg også altid følte mig velkommen hjem var blandt mine jævnaldrende, mest af alt ved ungdomsforeningens årlige juletræ i Sdr. Saltum forsamlingshus. Venner og veninder fra den tid vækker stadig gode minder.

I 1956 fik jeg et brev fra Hans Sølvhøj, dengang chef for Statsradiofonien foredrags afdeling. Han bad mig holde et radioforedrag med titlen "Ødelægger vi vort helbred allerede som unge"? Ja tak var mit svar. Niels Østergaard var dengang formand for Vrensted Ungdomsforening og havde oprindeligt givet mig den opgave lokalt.

Uden censur fik jeg så lov til at tale i radioen i de tilmålte 23 min. i den bedste sendetid. Pga. lytterstorme blev det genudsendt. Mod slutningen af foredraget havde jeg prøvet at give gode råd til de unge i deres forhold til det andet køn, og sluttede: jeg kunne ønske, at der i dansesale og hvor unge mødes var en tavle på væggen med samme tekst som i den sal, hvor jeg har danset og moret mig i min ungdoms vår:

Altid renhed i din tanke

Altid lys i stort og småt

altid føle hjertet banke

altid gøre andre godt.

(Chr. Jensen Andreasen)

Men tilbage til min uddannelse

Fremtiden

Med en god nysproglig studentereksamen, der dengang omfattede rigeligt med matematik og fysik, kunne jeg tage fat på næsten hvad som helst og valgte det medicinske studium i Aarhus. Jeg synes også, jeg havde et gammelt udestående med Kochs syrefaste stav, tuberkelbacillen, men den blev drevet på stort tilbagetog, inden jeg blev færdig som læge januar 1944.

De i skolen erhvervede færdigheder i fremmede sprog kunne jeg. Lige så vel som Gitte, der dengang læste medicin, og som jeg traf i Aarhus, udnytte ved at tage privatelever i engelsk og tysk for 2 kr. i timen. Hvordan gik det mit eget sprog? Siden at Gitte, der er fra Højbjerg ved Aarhus, i den første tid på Aarhus Universitet opfattede mig som sjællænder, for jeg talte ligesom hendes fætre fra Lille Frederikssund imellem Sorø og Slagelse. Men jeg har stadig samme opfattelse af det rene vendelbomål, som formanden for dansk sprognævn gav udtryk for for nylig i en formiddags udsendelse i radioen. Vi havde lige hørt en djærv håndværkerkone fra Sdr. Harritslev på sit modersmål fremsætte et musikønske og også fortælle fornøjeligt om sin mand, som var gammel og arbejdsivrig. Sprogforskeren sagde: Den kone talte et meget smukt dansk.

Selv kan jeg ikke bruge det, så det lyder ægte. Specielt ikke hvis det drejer sig om det fagområde, jeg har forstand på.

Barnet af Vendsyssel var borte under uddannelse i 14 år. Det var et tilfælde, at vi kom til Vendsyssel, men vi blev vel modtaget og har nu boet i Vrensted siden 1947. Gitte og jeg er blevet slidt på, men på en sådan måde, at vi er trykke ved også at tilbringe vort otium her. Om oplevelser i lægepraksis og arbejder i lægeorganisationerne og om fjerne udenlandsrejser kunne fortælles meget, men dette her skal jo ikke være mine memoirer i gængs forstand, men fortælling om en vendelbos oplevelser fra tidlig barndom til begyndelsen af hans egentlige livsværk. Jeg er taknemmelig for, at man har bedt mig give denne skildring, som jeg har opfattet skulle belyse, hvor meget mit hjem og min hjemegn og skolegang har betyder for mig

I min lægegerning blandt Vendelboere har jeg søgt at kvittere. Stærkt støttet af min trofaste Gitte, som altid har bedt mig blive i Vrensted, så vore børn har en rod.

Vi to glæder os over at sporene åbenbart ikke har virket skræmmende idet fire af vore fem børn arbejder i sundhedssektoren

Annemarie Schierup som fysioterapeut i Løgstør. Kirsten Schierup Freund som praktiserende læge i Gandrup. Jørgen Schierup som praktiserende læge i Vrensted. Grethe Schierup Larsen som histolaborant på Aalborg Sygehus. Og så har vi Elsebeth, som i hvert fald ikke ville være læge, men alligevel være noget med mennesker, og hun og Henning har i hvert fald selv tre glade børn og er en glad familie.

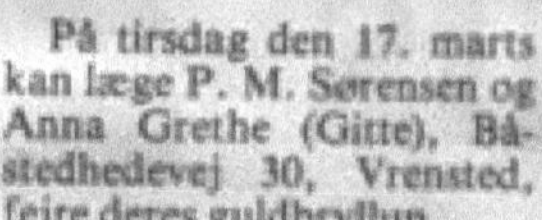

Anna Grethe og P. M. Sørensen

På tirsdag den 17. marts kan læge P. M. Sørensen og Anna Grethe (Gitte), Båstedhedevej 30, Vrensted, fejre deres guldbryllup.

Han stammer fra Sdr. Saltum og hun fra Århus, og som ganske unge - læge Sørensen var nok færdig med studiet men endnu i soldateruniform og hun uddannet sygeplejerske - købte de villaen lige syd for kirken i Vrensted og indrettede her konsultation og venteværelse mm. i 1947.

Der var ganske vist adskillige, som advarede mod dette vovelige skridt og endnu flere havde ondt af det unge par, der åbenbart måtte se en kummerlig tilværelse i møde.

Lægeparret gjorde alle mørke forudsigelser til skamme og i løbet af en kort årrække havde de oparbejdet en solid lægepraksis, der byggede på gensidig respekt mellem læge og patient.

Gitte og P. M. Sørensen har gennem årene hjulpet hinanden på smukkeste vis både i deres lægepraksis og i deres hjem, hvor fem børn er vokset op, og et par af dem er gået i faderens fodspor.

I 1970, da Vrensted-Thise kommunekontor blev ledigt ved kommunalreformen, var de med til at købe bygningerne og indrettede den til lægehus, hvor der nu arbejder fem læger.

Læge Sørensen har haft adskillige tillidshverv udover lægegerningen og skrevet flere afhandlinger om forskellige sygdomme, men alt dette udadvendte blev nok kun muliggjort, fordi fru Gitte var det faste anker der-hjemme.

Derfor kunne det også lade sig gøre at læge Sørensen gennem de første tre-fire år af sit otium vikarierede et par måneder hvert år på lægeklinikken i Tidaholm i Sverige.

Guldbrudeparret føler sig stærkt knyttet til egnen og til Vrensted by, og derfor har de også valgt at nyde deres otium i det parcelhus, som de erhvervede kort efter at læge Sørensen sagde farvel til sin lægepraksis.

Hver dag bliver flittigt brugt i hus og have, på foredragstur, på rejser eller på besøg hos børn og familie - og mangen en tidligere patient stopper op for at hilse på.

Poul Sørensen er sammen med Ingeborg Vernersdatter.

SCHWEIZ ELLER SVEJTS?

Min første udlandsrejse gik til Svejts i 1961.

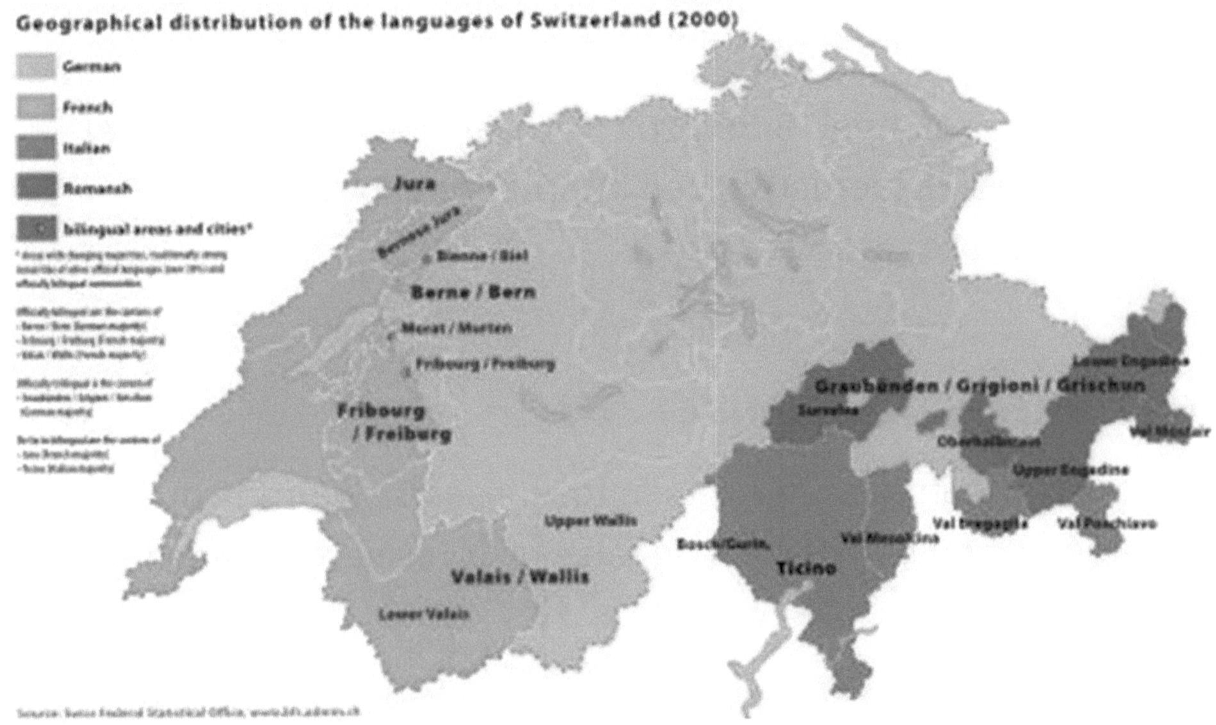

Sådan blev dette landenavn skrevet på dansk dengang, men nu har jeg erfaret, at det siden 2012 kun er korrekt at skrive Schweiz - den tyske form - for dette land på dansk.

Nationalitetsmærket for landet er CH, noget jeg allerede vidste som dreng, da jeg sammen med andre drenge sad i vejgrøften ved hovedvejen mellem Hjørring og Løkken og skrev bilnumre op.

Landet har fire officielle sprog, tysk, fransk, italiensk og rætoromansk.

For at undgå at vælge mellem de fire sprog valgtes bogstaverne CH som nationalitetsmærke.

CH er en forkortelse for latin Confoederatio Helvetica, "Den helvetiske Forbundsstat".

Helvetia er den latinske betegnelse for landet, opkaldt efter helvetierne, keltiske folkestammer, som boede i dette bjergområde inden den romerske annektion.

Helvetierne er omtalt i værket Gallerkrigen, De Bello Gallico af Julius Cæsar, udgivet nogle årtier før Kristi fødsel.

Til sidst et andet eksempel: Siden 2021 skriver Udenrigsministeriet Belarus i stedet for Hviderusland, en international betegnelse, som landet selv har ønsket at blive kaldt.

MIN FØRSTE REJSE TIL UDLANDET

I 1961 tog tysklærerinde Dora Axelsen to klasser fra Hjørring private Realskole med på en uforglemmelig rejse til Schweiz, som var hendes fødeland.

Siden sin ungdom havde hun været lærerinde i Hjørring efter giftermål med en hjørringenser.

Dora Axelsen kunne tale de tre mest udbredte sprog i Schweiz, tysk, fransk og italiensk. Hun kom selv fra det fransksprogede område, som hun dog ikke viste os.

Hun kom til at bo det meste af sit liv i Hjørring og opnåede at blive tæt på 100 år. Hun døde for få år siden på Plejehjemmet Vellingshøj Centret i Højene.

Vi kørte med tog hele vejen til Schweiz. Det er så lang en vej, at vi om natten benyttede sovekupeer.

De første 4 dage boede vi i Bern, som er forbundshovedstad i Schweiz.

Jeg undrede mig over maden: Det forekom mig, at det var sovs, vi spiste, men det har været legerede supper, jævnet med æggeblommer, fløde og creme fraiche 38 %.

Hver dag spiste vi friske ferskner, noget som var nyt for mig.

Dora Axelsen tog os med på rundtur i Schweiz til forskellige byer, hvor vi overnattede. En af byerne var Zürich, som er den største by i Schweiz.

Bjergene så vi mest nede fra dalene, hvor vi kørte med tog eller bus.

Vi var dog med en tandhjulsbane oppe på et mindre bjerg, der hedder Rigi.

Dér gik jeg i en landsby ind i en stald, som mindede meget om en stald i Vendsyssel. På markerne så vi alpekvæg med bjælder om halsen.

Vi besøgte også kantonen Ticino, hvor sproget er italiensk.

Jeg husker to bynavne fra dette område: Airolo (vintersportssted) og Lugano, som ligger helt mod syd ved Luganosøen på grænsen mellem Schweiz og Italien.

I erindringen kan jeg godt genkalde mig billeder for mit indre øje, men jeg har ingen fotografier fra denne min første rejse til udlandet.

Foto af lærere fra Hjørring private Realskole.

Dora Axelsen ses bagerst midtfor, med mørk kjole og mørkt hår.

På billedet ser hun ud, som jeg husker hende.

Jeg hedder Palle Nielsen er født i Vrensted og er tidligere sømand.

Min livshistorie

Mit gode skib

Palle Nielsen, Faddersbøl. Han sejlede i 30 år, først som maskinist, siden som navigatør i coastere, forsyningsskibe m.v. Efteruddannet på Sømandsskolen i Svendborg og var i Søværnet i 10 år, både over og under vandet i 6-7 år.

Jeg er født i Vrensted i 1952 ude på Kæret sydvest for gården Bagterp mellem Vrensted og Løkken. Mine forældre og vi søskende boede hos min farmor og farfar Helga og Niels Nielsen.

Vi boede ved min farfar og farmor til jeg var 5 år, farmor og farfar havde hver især været gift, farmors mand druknede, der var 5 børn, farfar havde også børn fra et tidligere ægteskab, de fik nogle sammen bl.a. min far Gunner Nielsen, de fiskede fra Løkken, mor arbejde på et af hotellerne i Løkken, der var ikke meget tilovers til livet, vi fik fisk morgen middag og aften, det var kun søndag, der kom andet på bordet, efter vi havde været i kirke i Vrensted. De var i kirke hver søndag.

Da de blev gamle, solgte de huset og flyttede op ved siden af bageren i Vrensted på Sct. Thøgersvej, sammen med fars bror Henry og hans kone Grethe, ja lidt minder.

Billedet er fra mit hjem sydvest for Bagterp.

Farmor og farfar Helga og Niels Nielsen i midten, tv. Ole th. Min mor mig Palle og min bror Povl, billede fra 1956.

Min far var fisker, det var farfar også. Både farfar og farmor havde som nævnt begge to børn med i ægteskabet, tilsammen var der 13 børn, og det var et ret barsk liv de havde.

Farfar og min far var meget på søen, der skulle være barsk vejr, før de måtte blive inde. Havet som også tog mange gode søfolk på må og få, var en farlig arbejdsplads. Der var mange børn der ikke så deres far komme hjem fra havet, og hvor moren måtte gifte sig med en ny mand bare for at overleve, det var jo en tid hvor den offentlige hjælp ikke fandtes og hvor det at have et arbejde, var guld værd. Det var i efterkrigsårene, man havde ikke de store muligheder som arbejder, og viste chancen sig for at få et arbejde, måtte man mange gange gribe den.

Min mor arbejdede som tidligere nævnt på et af hotellerne i Løkken, som jo også var et ferieparadis for de velstillede.

Vi boede i en lille lejlighed ved mine bedsteforældre, tror nok at far kunne se, at de havde nok med at skaffe føden selv, vi fik fisk til hvert måltid, det var kun om søndagen, at der var noget andet.

Jeg kan huske, at når vi var i kirke i Vrensted om søndagen, var den altid helt fuld af mennesker, det var et meget religiøst samfund deroppe, man var meget troende i den tid. Jeg husker også, at far var farmors kæledægge, når de andre brødre drillede ham, blandede farmor sig altid.

Da jeg blev 4 år, flyttede vi til Kerteminde, hvor far fik arbejde på en stor gård i nærheden, det var en dejlig barndom dernede – vi 4 drenge legede i skoven og på den forbudte klint, der var så mange huller med dybt vand og sumpet, men vi kendte det jo, i dag er det meste af klinten styrtet i vandet dernede, der kunne vi sidde i timevis og se på skibene ude i bugten.

Jeg vil fortælle om min barndoms jul. Vi var fem i familien og boede nede ved Kerteminde.

Min far stod for at bejdse korn til såning. Ja, det med kviksølv, I ved. Efter et-to år blev han syg med nyrerne. Dengang var der ikke noget "Ja, så prøver vi her". Der var ikke nogen bistand dengang i 1956, men min far var ikke dum. Han kom fra Vrensted ved Løkken.

Han havde tre gæve sønner - Per, Poul og mig, Palle. Vi kunne jo godt arbejde. Per var 11 år, Poul 10 år og jeg otte år. Vi arbejdede. hos Per, en murer i Kerteminde. Poul kom med et skib, "Clement" af Kerteminde. Og jeg fik noget arbejde ved bageren i Revninge med at rense plader og hente brænde til ovnen. Derefter gik jeg med Fyens Stiftstidende. Det var ikke helt sjovt om vinteren, hvor det var mørkt tidligt. Så vi klarede os sådan nogenlunde. Men der var også tider hvor de, der skulle betale os, ikke havde penge.

Så gik Mor op til sognerådsformanden og bad om hjælp. Han sagde til hende: "Kan du ikke klare dine børn, kan vi hjælpe med at få dem på børnehjem." Ja, sådan var det jo. Men vi klarede os.

Så var det, at Far fik først fjernet den ene nyre og derefter det halve af den anden. Så ville han op til sin far og mor. Han vidste, hvad der skulle ske snart - sådan ligesom for at tage afsked.

Far havde en ven, Børge, der havde en lille bil, og den kunne mor og far låne til turen. Vi unger kunne blive passet hos en moster, så de drog af. Da de nåede lidt op i Jylland, var der desværre en stor lastbil, der overså dem og kørte over dem. De blev dræbt. De er stadig savnet, men chaufføren kom ikke noget til. Jeg overdriver ikke: Vi græd i tre uger. Jeg var jo kun 10 år.

Enden blev da også, at vi kom på børnehjem, hvor der kom folk for at se på os, ja, nærmest som dyr: "Ham der kan vi godt bruge," hørte jeg én sige. Vi havde jo hverken fnat eller skab. Jeg mente dengang, at jeg var heldig, for jeg kom til en skipperfamilie på Thurø, der havde eget skib.

Det var lykken, jeg var 10 år, og Thurø var tæt på havet. Jeg var jo gået ud af 3. klasse og skulle i skole igen. Jeg fik et dejligt værelse oppe på loftet, men kunne jo komme med ud at sejle i ferierne. Næste dag sagde "Far Skipper": "Du kan komme med nu. Skolekundskaberne tager vi hen ad vejen." Den nat sov jeg ikke. Det var for meget for en dreng på 10 år. Jeg tænkte på mor og far i himlen: Ser de mig nu som sømand?

Det var lykke, da vi kom ombord på skuden, som blev mit hjem i fire år. Ja, der var snusket, men jeg var nu sømand. Vi sejlede ud fra Svendborg. "Mor Mie" var med sådan ligesom for at opvarte sine søfolk. Da vi nåede Gedser, røg hun i land, og da vi sejlede ud af havnen, råbte de ad hinanden som sindsyge. Så sagde jeg til "Far Skipper": "Det var dog godt nok en gal kvinde." Det skulle jeg aldrig havde sagt. Han "vappede" mig en vinge, så jeg røg over i hjørnet i styrehuset.

Da jeg vågnede igen, var det blevet mørkt. Så sagde Skipper: "Nå, nu skal Georg lære at styre for kosten." Den nat lærte jeg at styre et skib. Jeg fik så mange på hovedet, at da det blev morgen, kunne jeg styre, men ikke høre motoren. Aldrig i min 30 år til søs er der nogen, der har sat spørgsmålstegn ved dette.

Da jeg var meget ung. 10 år boede jeg ved en venlig familie på Thurø, ja ja venlig!!!! Manden der havde sit eget skib som lå nede i Svendborg, der boede jeg mest, ude for, der var en gammel besmarovn, når det blæste, kunne den ikke virke, ja så var det sku halvkoldt sådan en vinter hvor temp. var på -20 grader, selv om olmardynen varmede, "far" skipper og konen boede ude ved Grasten 17 km fra Svendborg, det tog ca. 2 en halv time at gå derud, så var det, at jeg gik en dejlig sommerdag og kom forbi en bod med jordbær, kikkede længe på dem, men gik så videre lidt længere af vejen, ved jordbærmarken står en dame og stopper mig, hun havde set at jeg kikkede på boden, hun spørger, vil du ikke købe nogle, jeg siger har ingen penge, hvorpå hun siger, du får en bakke af mig gratis. 10 år gammel og smager jordbær første gang, uhm. Næste gang jeg går forbi, sidder konen lidt ude ved vejen sammen med en ret gammel mand, hun siger, hils på Søren det er min mand, og jeg hedder Hilda. Efter mange ture forbi deres gård åbner Hilda op, og langt senere fortæller hun mig hendes historie. Hun arbejdede på en gård på Sjælland. En dag hvor konen på gården ikke var hjemme, voldtog gårdmanden Hilda, hun blev med barn og blev sendt til Sprogø, hun var jo bavlet, når hun "forførte ham". Hilda fortalte om de grumme forhold derude, og om hvordan det var at se sin søn i 5 minutter, hvorefter han blev fjernet, hun så ham aldrig mere. Hun blev så tvang steriliseret, så kunne hun komme væk, hvis der var en mand, der ville have hende. Der var så Søren, en gammen eneboer. Hilda passede den lille gård, hun arbejde røven ud, men da han døde, fik hun gården, derefter arbejde hun kun med hendes katte og blomster. Hun havde Thurøs flottest roser. Hilda blev min papmor. Hilda døde af kræft ene, og uden nogen venner, jeg var desværre ude og sejle. Hilda blev begravet på de Ukendtes Kirkegård. Der var noget familie hun aldrig så, som jo arvede hende.

Nu var det jo ikke dårligt det hele, jeg husker flere weekend, når vi lå i Svendborg, sådan en dejlig sommerdag, så tændte jeg den forbudte radio og satte mig ude på dækket, og hørte Jens Peter Åses orkester og deres musik, mange unge mennesker gik ude på kajen og nogle stoppede op for at høre musikken, nogle kom da også med tilråb, hvad er det for noget tøj du går i, jeg fik jo " Far" skippers efterladte tøj og så syede jeg det ind, det var som "Far " skipper sagde med tøjet, mågerne siger det ikke til andre.

Nej det værste var nu nok, at når der skulle hentes en kasse øl, det var dem med 50 i en trækasse, det var sku hårdt, men man er ikke helt dum som 10 årig, en gammel sæk og et tov så kunne jeg slæbe dem de små 1500 meter, og så kunne man ta 30 af kassen og så sætte kassen ombord og derefter fylde den igen.

Det tænker jeg på, nu små 60 år efter. At når Skipper var nødt til at drikke alle de øl, så var der bare mig til at sejle. Tænk en dreng på 10 år, sejle i tyk tåge og storm til Karlshamn i Sverige, det havde været guf for aviserne.

Nåå jeg kom videre, efter 5-6 år kom dette: Brevet!!

Det var en vinterdag som så mange andre, jeg var ombord på et dejligt skib og var godt tilfreds med dette, vi var lige lagt til kaj og der var breve hjemmefra, det første jeg læste var, indkaldelse til Session, ha det var ikke planen nu, hvor det gik så godt, men det endte med, at vi var i dansk havn da tiden var, til at komme på Session. Ja, det var for det første hundekoldt i omklædningsrummet, men det var ikke bare mig der frøs, det gjorde de andre også.

Vi blev undersøgt, med det hele, har du nogen skavanker o.s.v. vi kunne dårligt nok svare inden vores papir var stemplet egnet.

Næste kvækkede han, nå vi kom så for panelet, der var fra alle værn - der står man så kun iført underbukser og en fyr kommer med en bøtte hvor man trækker et nummer - det må være et frinummer tænker man, nummeret bliver læst op og alle kigger ned i deres papirer, men en gammel gammel knag siger: "hvor kunne du ønske dig hen i forsvaret" øhh, godt - du er taget til Søværnet - næste, øhh så står man på gaden og er færdig, pis –

Taget til Søværnet, "hmm Søværnet" man smager ligesom på det, jeg skal være der et år - det er fanme lang tid uden ordentlig hyre -

Nå, har jo hørt om nogen, der havde været væk fra Danmark så længe, at de dårligt kunne bruges til fejemand i kantinen, så lad os nu se hvordan det går, det var jo heller ikke sorg det hele den dag. Der var nogle af gutterne jeg kendte fra søen, vi havde da sejlet sammen et par stykker af os, og det havde vi jo lejlighed til lige at få en øl over - så sådan en session tar altid mindst et par dage -, men vi kom over det!!!

Ja nu har jeg jo boet på Fyn og i resten verden, så mit spørgsmål er, hvad betyder: "knerber", havde da godt nok mit besvær med at forstå dem herude ved Vorupøre, da jeg kom herop for små 7 år siden.

Det startede i 1969, da jeg som sømand var med en coaster der kom fra Hamborg med en last majs, til Thisted. I Thisted skulle vi have en ny kok, og en af gutterne ombord Egon Nielsen kendte en, der gerne ville til søs som kok, så hende sejlede jeg sammen med i 7 mdr. Hun var nem at snakke med, vi var nærmest en stor familie på skibet, nå men hun mønstrede af og livet gik videre. Så skiltes vore veje, og vi fik hvert sit liv. Men for ganske få år siden mødtes vi igen, og nu 45 år efter blev vi så gift.

Det er efter at jeg havde sejlet små 30 år og siden kørt lastbil, hvorefter jeg gik jeg på efterløn.

Så en dag finder jeg hende inde på Internettet og skriver til hende, vi skrev meget om vores liv, siden snakkede vi også sammen, en dag siger hun, at hun har lejet en gammel rønne i Thy, men der skulle laves en del, jeg tilbød min hjælp, kunne da tage min campingvogn og komme og hjælpe, så kunne vi snakke om gamle dage og spise lidt god mad, så gjort.

Efter en tid heroppe i vest Thy fik vi indbydelse til den årlige byfest. Der var stillet telt op og en masse mennesker deltog. Det startede med velkomst og en gratis Thy pils uhm, vi havde mad og drikkelse med selv til resten af aftenen. Min veninde satte sig ved siden af et ægtepar og begyndte at snakke med dem, jeg sad på den anden side, hørte ikke helt hvad de sagde, rykkede lidt nærmere for bedre at kunne høre, det blev det ikke bedre af, tænkte Nielsen. "Du er nok ved at blive døv", nå de snakkede, så hørte jeg de sagde "bar" og grinede, da tænkte jeg, de skal ikke tro at jeg er dum, så jeg grinede også, så var isen sådan ligesom brudt.

De snakkede stadig "bar", ja mig som gammel sømand ved godt hvad "bar" var, troede at de var meterologer, indtil jeg hørte, "bette bar" flere gange, så var jeg ikke med mere. Efter en tid da det blev stille, hørte jeg manden sige "sikke gue vejle" der faldt kæden helt af.

Da jeg den aften lagde mig til at sove, tænkte jeg på samtalerne, tror jeg fattede 30% af det. Næste dag spurgte jeg ind til flere ord og fik forklaringen på det. Så en skøn morgen mødte jeg en af de ældre og tænkte, nu må du vise, at du har nemt ved at falde til, så jeg sagde "sikke gou vejle", han kikkede på mig som om, jeg havde slået ham.

Jeg spurgte min veninde, hun sagde: Når du siger det, ligger du trykket det forkerte sted, og så forstår de dig ikke, efter den tid tænkte jeg, du venter lidt til du kan Thy mål noget bedre. Endnu er jeg ikke begyndt at forstå det efter små 7 år.

Nå, men som sømand bliver man lidt religiøs hen ad vejen, vi gik meget i kirke, en dag var der en dame der sagde hej ved kirken, hun sagde: Dig kan jeg huske p.g.a. øreringen, ja sømanden og øreringen er fortællingen om, hvorfor sømænd går med ørering. Sømænd der har rundet Cap Horn "Sydspidsen af Sydamerika", har ret til at sætte en ørering i. Øreringen er for, at man kan betale færgemanden, der skal sejle en til dødsriget, så er det at ringen skal være af ægte guld, ikke en der er købt oversøisk, for så vil han sige at det er "Nyrenberg kram", og så kommer du ikke med, så kommer du til at sidde til evig tid på brinken, sammen med Toldere Skibshandler onde Kaptajner og Speditører, hvis du ikke evt. har en god sømandshistorie.

"Knerber" det betyder at snakke meget, "at knerbre" ved jeg nu.

Palle Nielsen nu en glad pensionist

Nu hygger Palle og konen sig med deres båd som ligger i Limfjorden.

Opvokset ved jernbanen

Af guldsmed Ole Agger Hansen

Ole Agger Hansen f. 1947 - her ved sin fritidsbeskæftigelse

I 1945 købte min far ejendommen Algade 4 (i dag 46-48) af sin faster Louise Thuen. Hendes mand Chr. Thuen havde drevet rebslagerforretning i huset ved siden af deres lejlighed i stueetagen. Min far Børge Hansen flyttede sin guldsmedeforretning ind i den gamle rebslagerbutik og Louise Thuen blev boende i lejligheden ved siden af. Der var boligmangel i årene efter krigen, så det var svært at opsige lejere, derfor kunne mine forældre først overtage lejligheden på 1. sal i 1948, da jeg var et år gammel.

Jernbanen gik dengang lige bag huset, hvor Østergade går nu. Over for Søndergade var "Bommene", der delte byen i to.

Banen gik bag om nuværende Cafe Kox, der er det gamle posthus og til stationen, der lå, hvor nu SparNord ligger.

Stationen i Brønderslev i 1964

Jeg havde dog allerede stiftet bekendtskab med jernbanen, da jeg var få dage gammel. Jeg er født hos professor Ingerslev på Fødselsanstalten for Jylland på Randersvej i Århus. Min mor var fra Århus og både min mormor og min moster boede der. Da vi blev udskrevet rejste mor og jeg med Lyntoget til Brønderslev.

Jeg har åbenbart interesseret mig for tog allerede som ganske lille. Mor har fortalt, at de en aften havde meget besvær med at få mig til at sove. Da de endelig troede det var lykkedes, kom der et tog, og så lød det inde fra børneværelset "Forbi – forbi" og så blev der ro.

Et af mine første jobs var at vinke til pakmesteren i den sydgående formiddagsekspres. Eksprestogene blev trukket af damplokomotiverne Litra R. E. P. og T. Godstogene af Litra D, som jeg senere selv fik lejlighed til at køre med et par gange.

I begyndelsen af 1950'erne var der ikke så meget, der var farligt, så vi børn var ikke ret gamle, før vi kunne færdes på gaden på egen hånd. Det var vist forbudt at gå over gaden, men vi kunne være på vort eget fortov mellem "Bommene" og Gasværks Allé.

Det mest spændende var nok ledvogteren, der havde 3 håndtag at dreje på. Et der ved hjælp af et langt tråd træk hævede og sænkede bommene ved Gasværks Allé og to til "De store bomme": Så vidt jeg husker havde de ikke samme udveksling, så det ene håndsving skulle drejes lidt hurtigere end det andet.

Det hændte af og til, at en bil forsøgte at smutte over, når bommene var på vej ned, men i stedet kom til at brække en bom. Det hændte også at en cykel fik forhjulet ind i kæderne, der hang ned fra bommene. Min store drøm var at blive ledvogter som voksen og få lov til at dreje på håndsvingene. Jeg kunne sagtens få ændret tråd trækkene så jeg kunne passe bommene fra guldsmedeværkstedet.

Sådan gik det som bekendt ikke, for da jeg blev gammel nok, var alle de betjente bomme væk, så jeg måtte "nøjes" med at være guldsmed.

I det hele taget delte jernbanen byen i to dele. Den faste undskyldning, når man kom for sent, var at "Bommene var nede". Det kunne de også være ret længe, når der var lange tog på stationen. F.eks. om sommeren var den nordgående Nordpil, med vogne Hamburg – Frederikshavn så lang, at den spærrede overkørslen, mens den holdt på stationen. Et godstog, der skulle rangere, blev simpelthen delt for ikke at spærre i måske en halv time. Skulle et sydgående godstog have vogne med, der skulle forrest i toget, holdt toget i spor 2, maskinen blev afkoblet og kørte ud til Gasværks Alle, forbi sporskiftet mellem spor 1 og 2. Samtidig skubbede stationens rangertraktor (Et såkaldt "klædeskab" bygget på Pedershaab Maskinfabrik), de vogne, der skulle med, gennem spor 1 og bag på maskinen ved Gasværks Allé. Mens det skete, kunne bommene åbnes et par minutter indtil klædeskabet kom tilbage. Hvis toget kunne være nord for bommene, kunne maskinen og de optagne vogne også passere og koble på den ventende togstamme. Hvis toget var for langt, ventede lokomotiv og de optagne vogne syd for bommene og først nogle minutter før afgang, blev bommene igen rullet ned og godstoget kunne samles igen. Der skulle så laves bremseprøve inden toget kunne fortsætte mod Aalborg. Det kunne også tage lidt tid inden et langt og tungt tog kom op i fart, og sidste vogn havde passeret overkørslen og bommene igen kunne åbnes.

Jernbaneoverskæringen med bommene i 1964 - der delte byen.

Det gamle stjernekryds blev lukket ved Ny Østergades etablering

Ud over tipvognslokomotiver og rangertraktorer producerede Pedershaab også vejtromler og gravemaskiner. Mange af maskinerne blev sendt ud i den store verden med tog. Fabrikken havde ikke selv sidespor selvom den lå op ad banen, så maskinerne blev kørt ad Ø. Alle –Vestergade – over bommene og så ad den daværende Jernbanegade til godspladsen i Nørregade, hvor der var en rampe, hvor maskinerne kunne køre op i enden af åbne godsvogne. Når det var gravemaskiner med larvefødder, gik der nogle læredrenge og lagde brædder under larvefødderne, for at de ikke skulle beskadige asfalten. På godspladsen var der også en siderampe (kvægrampe), som vi børn kunne bruge som kælkebakke om vinteren.

I 1950´erne blev de store persontog og godstogene fremført af damplokomotiver, mens de standsende persontog med 1 – 2 vogne blev trukket af dieselelektriske motorvogne Litra MO. Endelig var der de fine røde Lyntog, der havde samme teknik som MO vognene.

I 1954 skete der noget. Jeg var lige begyndt i skolen og sad en eftermiddag og lavede lektier, da jeg pludselig hørte en ukendt støj fra banen udenfor mit vindue. Da jeg kiggede ud, kom der et stort flot ”Amerikansk” lokomotiv kørende. Det var et af DSBs første MY lokomotiver, der var på præsentationstur. Så måtte lektierne vente. Det var bare med at kommer over på stationen og beskue (og høre) vidunderet. MYerne og senere MXerne overtog gradvist de store tog.

Sidste gang jeg kørte i et damp trukket plantog var op til jul 1964, da jeg gik på handelsskole i Aalborg. I anledning af julen var MYen, der normalt trak eftermiddagsskoletoget fra Aalborg, blevet udset til at køre jule-særtog og reserven i Aalborg, der var en E maskine, havde overtaget skoletoget.

Det var egentlig ikke fordi, man lagde så meget mærke til togene, når man var nabo til banen. Normalt standsede alle tog i Brønderslev, så hastigheden var begrænset, når de passerede vores gård.

Nogle somre kørte der dog en forløber til Nordpilen som ikke standsede, men var gennemkørende med 80-90 kmt. Når det passerede, rystede alting og støv og skidt fløj ind i vores gård. Når min mormor overnattede hos os, klagede hun over, at et godstog vækkede hende midt om natten, men jeg har aldrig hørt det.

Det hændte også, at et sydgående damplokomotiv, med lidt for høj vandstand i kedlen og urent kedelvand, under en lidt for hård igangsætning, udspyede en skønsom blanding af sod, damp og smøreolie ud over min mors ny ophængte vasketøj i gården.

I 1960erne, da diesellokomotiverne havde taget over, var det tog vi lagde mest mærke til, et sydgående aftengodstog. Mens det holdt i Brønderslev, stod MYeren tit næsten nedenfor vores vinduer og brummede i tomgang. Præcis når Perry Mason (den tids Barnaby) var ved at opklare aftenens mordgåde, fik toget afgang og samtlige 1700 heste vrinskede, så vinduer og billeder på væggene klirrede og man måtte nøjes med underteksterne på fjernsynet i et par minutter, indtil toget havde fået fart og forsvandt i retning mod Aalborg.

Det var selvfølgelig også spændende, når man selv skulle med toget. På stationens væg hang et par meldeklokker. Når de ringede, vidste man at toget var kørt fra enten Vrå eller Tylstrup og det ville ankomme i løbet af nogle få minutter.

Min farmor boede nu i Brønderslev, men hende og farfar havde boet i Vrå, så nogle gange om året tog hun toget til Vrå for at besøge gamle venner og jeg var ofte med. Turen foregik med MO trukket lokaltog, der hvis vi var heldige standsede ved Emb trinbræt undervejs. Vi havde også familie Aalborg, så nogle gange om året gik turen dertil.

Mod Aalborg standsede lokaltogene i Tylstrup, Sulsted, Hvorupgård og Nørresundby. Aalborg var den gang en station med masser af liv. Aalborg privatbaners røde skinnebusser og de ældre teaktræsbeklædte motorvogne kørte i 4 retninger foruden DSBs tog mod Århus og Frederikshavn.

DSBs maskindepot lå lige over for stationen, og når man stod på luftbroen, der dengang gik over baneterrænet ca. hvor perrontunnellen er i dag, var der en herlig udsigt til togene og var man heldig, kunne man blive indhyllet i dampen fra de rangerende F maskiner.

En gang imellem skulle vi også besøge mormor eller moster i Århus og så gik turen med et eksprestog bag en R maskine. Det var spændende at gå frem i toget, hvor man gennem de forreste vinduer kunne se lokomotivets tender gynge i takt med skinnestødene. Det var også meget afslappende at side i en kupe og se dampen bølge udenfor vinduerne, lytte til hjulenes dadum – dadum over skinnestødende på de laskede spor, mens telefontrådene skiftevis steg og sank mellem masterne.

Som fireårig var jeg på min første lange togrejse. Farmor havde været i USA og besøge en søster. Da hun kom hjem med et skib til København, ville far og mor over og tage imod og jeg skulle med. Vi kørte i eksprestog til Nyborg med skifte på færgen og så videre med et nyt eksprestog uden stop over Sjælland. Jeg tror det var dengang vi var med den gamle dampfærge Christian 9.

På hjemturen havde vi flottet os og købt Lyntogsbilletter så vi ikke skulle skifte på færgen. Far og jeg var selvfølgelig ude på vogndækket og se på færgen og lyntogene, der holdt på dækket. I min fantasi kørte Lyntoget så stærkt, at det glemte at holde i Brønderslev, og det derfor måtte køre tilbage for at sætte os af. Senere fandt jeg ud af at alle tog vendte i Århus.

Efter realeksamen gik jeg et år på handelsskole i Aalborg, og var derfor med skoletoget hver morgen lidt over 7 og tilbage igen midt eftermiddag.

Morgentoget var normalt en MO med 3 ældre nærtrafiks vogne, mens eftermiddagstoget var en MY og 2 tilfældige vogne. En enkelt gang var den ene vogn en helt ny B vogn med røde plastik sæder, men tit var det gamle knirkende teakbeklædte træ vogne eller nærtrafiks vogne litra Cp med brune lædersofaer.

Der havde i mange år været talt om at flytte banen i Brønderslev for at undgå overkørslen midt i byen. Midt i 50'erne begyndte man nordfra med at bygge en dæmning til banen. Det begyndte som beskæftigelses arbejde, hvor der blev anlagt en tipvognsbane fra bakken nord for Tolstrupvej ned unde den gamle jernbane og op på dæmningen mod det der nu er Parkvej.

Tipvognene blev læsset med håndkraft, så arbejdet gik ikke særligt hurtigt. Efterhånden som beskæftigelsen blev bedre gik man over til lastbiler og gravemaskiner. Endelig i 1966 åbnede den nye station og vi havde ikke længere banen som nabo.

Til gengæld rejste jeg meget med tog. Først på guldsmedeskole i København, derefter som værnepligtig i Søværnet og til sidst som guldsmedesvend i Nakskov og København.

Interessen for tog gjorde, at jeg i 1972 mens jeg arbejdede i Nakskov, begyndte at komme på Museumsbanen i Maribo og blev uddannet først som fyrbøder og siden som damplokomotivfører.

Jeg har også gennem årene kørt som togfører og rangerleder, samt være stationsbestyrer i Bandholm og kørt som fyrbøder og lokomotivfører på Limfjordsbanen i Aalborg.

I dag har jeg således over 50 års erfaring med veterantogsdrift i Maribo, men den historie hører nok ikke hjemme i en Brønderslev bog.

Ole Agger Hansen - Oktober 2023

Overklit en liden Herregård

Overklit har i 2019 været i Færch slægtens eje i 150 år

Overklit 2024

Ejerforhold før Overklit kom i Færchslægtens eje

Overklit, lidt historie

Overklit i Færchslægtens eje, skødeoplysninger

Færch'erne i Vennebjerg

Overklit Mølle

Ejerforhold før Overklit kom i Færchslægtens eje

1552-1580: Niels Iversen Juel (Krabbe-Juel'erne)

1580: Skrev sønnen Jep Nielsen Juel sig til gaarden, dog lidt usandsynligt

1577: Faderen afhændede gaarden til Daniel Bildt fra Abildgaard

1616: Daniel Bildt's søn Otte Bildt til Næs i Norge staar som ejer

Ca. 1625: Otto Bildts datter Blanceflor Bildt bragte ved ægteskab gaarden til kaptajn Christoffer Kaas

Ukendt aarstal: Datter (Inger) af Blancheflor Bildt og Christoffer Kaas arver Overklit

1686: Forpagter på Aastrup, Niels Poulsen Børglum

1703: Gjord Christoffer Unger til Willerup

1704: Overklit udlægges til Gjord Christoffers broder Wulff Unger for dennes part i Willerup

1709: Poul Iversen (Vilholt), ejer af Aastrup ved Hjørring

1740: Grev Christian Frederik von Levetzau, ved hans død i 1756 oprettedes Stamhuset Store Restrup (læs herom

senere). Levetzaus enke Sophie Hedevig ejer Stamhuset indtil sin død i 1775

1779: Iver Rosenkrantz Levetzau får tilladelse til at afhænde Aastrup og Overklit fra Stamhuset

1786: Kancellir Christen Svejstrup

1793: Nic. Brorson Agerbech, hvis enke videresolgte ejendommen

1802: Michael Aagaard (brodersøn til Nic. Agerbechs enke), Baggesvogn ved Sindal

1818: Jørgen Egholm

1846: Proprietær Chr. Jensen

1848: Proprietær Lars Christensen

1855: Daniel Thanning

I perioden 1709 til 1818 laa Overklit under Aastrup Hovedgaard.

*Kildermateriale:

Wikipedia

Store Restrup Historie

Egne arkivalier, herunder skøder der p.t. opbevares på Overklit.

Overklit – Lidt historie

Præsten Pouell Jenssøn skriver i sine præsteindberetninger til Aalborg Stift i aaret 1638, at der i Winneberg sogn er en liden herregaard, kaldis Orklett. Men før denne tid ved man, at gaarden har bestaaet, hvilket det efterfølgende kan fortælle.

Mange stavemaader har der ogsaa gennem aarene været paa gaarden, saaledes Ørklit, Orklett, Aarklet m.fl., navnet skal hidrøre fra, at man staar ved gaardens marker, når man paa en tur fra havet er kommet over klitterne.

I 1552 tilhørte Overklit Niels Iversen Juel (Krabbe-Juel'erne), d. 1580, men om han har beboet denne, er næppe tænkeligt, da han endvidere ejede hovedgaarden Eskjær ved Mosbjerg og her nævnes sammen med sin hustru Anne Lauritsdatter.

Efter faderens død i 1580 skrev sønnen Jep Nielsen Juel sig til gaarden, hvilket lyder lidt usandsynligt, da faderen afhændede den i 1577 til Daniel Bildt fra Abildgaard, d. 1585, hvis søn, Otte Bildt til Næs i Norge, staar som ejer i 1616.

Otte Bildts datter Blanceflor Bildt, d. 1667, bragte omkring 1625 ved ægteskab Overklit til sin ægtefælle, kaptajn Christoffer Kaas (Sparre-Kaaserne), d. 1657. Denne fik i 1632 kgl. bevilling til at bortsælge af hendes gods til dækning af fælles gæld.

Bl.a. kan man af arkivmateriale, som forefindes i den lederborgske haandskriftssamling se følgende: 1632 19/9 Cristoffer Kaas til Aarklet skøder med Kongen og sin hustrus samtykke til Niels Lange til Rønnovsholm følgende gods i Hørby sogn, Børglum herre: En gaard Trankjær, et bol (et jordstykke) og Trundbakken.

Overklit bibeholdt de dog, og den gik videre i arv til deres datter Inger, d. 1698. Hun var gift 2 gange, først med Laurids Lunov, som døde på Overklit i 1665, anden gang med Jens Hvas til Færumgaaard (Orningslægten), d. 1703.

En tid var gaarden bortforpagtet, indtil den i 1686 solgtes til forpagter paa Aastrup, Niels Poulsen Børglum.

Denne Niels P. Børglum var 1678 forvalter på Hæstrupgaard, beliggende syd for Hjørring, senere forpagter paa Aastrup, og købte som før omtalt i 1686 Overklit. Han var gift med Maren Knudsdatter, f. 1649, datter af herredsfoged i Hvetbo herred, Knud Christensen. Deres søn, Poul Nielsen Børglum, blev i 1731 udnævnt til byfoged i Hjørring og foged i Horns og Vennebjerg herreder.

Efter Niels P. Børglums død kom gaarden til hustruens anden ægtefælle, Christen Lauridsen, der i 1703 solgte den til Gjord Christoffer Unger til Willerup. I 1704 udlagde han Overklit til sin broder Wulf Unger for dennes part i Willerup.

I Vennebjerg Kirke findes en kalk fra 1669, som blev skænket kirken af Christoffer Unger. Ligeledes findes der i Skallerup kirke en smuk tavle opsat af herskabet Unger til Villerup, Hans Unger og fru Birgitte Kaas, hvorpaa staar:

En Stejer-Marker af geburt

En Unger af Famili.

I Stejer-Mark min Tiid var kort,

Til Danmark stod min Willi.

Em Kaases Rood jeg planted der,

Sex Greene deraf kommer.

De voxte 5 til Vaaben at bær,

Den Siet' en Jomfru Unger.

I 1709 skiftede gaarden igen ejer, idet ejeren til Aastrup, Poul Iversen (Vilholt), købte Overklit, gaarden laa herefter i perioden 1709-1818 under Aastrup Slot (nu Aastrup Hovedgaard, beliggende på Aastrupvej ca. 2 km vest for Hjørring).

Historien fortæller, at Overklit brændte i 1730 og blev genopført i 1789, gaarden blev på det tidspunkt brugt til græsning for Aastrups kreaturer. Gaarden blev bortforpagtet den 22. september 1789.

Aastrup Hovedgaard og Overklit blev indlemmet under stamhuset Store Restrup ved Aalborg, som blev oprettet i forbindelse med den saa kendte generalmajor, Ridder af Dannebrog og Elefantordenen, grev Christian Frederik van Levetzaus død i 1756. Stamhuset bestod bl.a. af gaardene Store Restrup, Torstedlund, Aastrup og Overklit.

Grev Levetzau er meget kendt for sin militære baggrund og for sit virke som gehejmsraad for kongen. Det der i dag er Christian den 8. palæ på Amalienborg, blev bygget for Christian Frederik van Levetzau. Palæet hed oprindeligt Levetzaus palæ og er opført i perioden 1750-1760. Christian den 8. palæ har siden 2010 været privat bolig for kronprinseparret Mary og Frederik.

I 1779 fik en slægtning, Iver Rosenkrantz Levetzau, tilladelse til at afhænde Aastrup og Overklit fra omtalte stamhus.

Iver Rosenkrantz Levetzau ejede et stykke af Rold Skov, i lighed med mange andre godsejere i 1700-tallet, han må have udlagt et stykke af Rold Skov til Overklit i Vendsyssel, da en ejendom, med navnet Overklit, i Rebild Skovhuse var et skovløbersted, der hørte under Overklit i Vendsyssel.

Michael Aagaard, der i 1816 blev ejer af Baggesvogn ved Sindal, solgte Overklit i 1812 til Jørgen Egholm for 30.000 rdl., i handlen fulgte en mølle, 10 huse og Vennebjerg Kirketiende. Jørgen Egholm havde været forpagter siden 1801.

Jørgen Egholm bortsolgte i 1819 en parcel fra Overklit, og efter hans død i 1846 solgte hans enke gaarden til proprietær Chr. Jensen. Denne ejede kun gaarden i 2 aar indtil 1848, da den blev afhændet til proprietær Lars Christensen, efter han han havde ejet Overklit i 7 aar, solgtes den til Daniel Thaning i 1855.

Thaning afhændede gaarden og Vennebjerg Kirke i 1869 til købmand og vicekonsul i Nibe Søren Færch, f. 1813.

Søren Færch var søn af fiskeriudreder Rasmus Sørensen Færch og Magdelene Beaujou. Rasmus Færchs velstand investeredes blandt andet i sønnens (broder til Søren Færch) tobaksfabrik i Holstebro, R. Færchs Tobaksfabrik, en virksomhed der i 1939 beskæftigede 500 medarbejdere, har senere udviklet sig til Færch Plast.

Siden 1869 har Overklit været i Færchslægtens eje, gaarden er gaaet fra søn til søn, hvilket vil sige, at den gik fra Søren Færch til Hans Færch, igen til dennes søn Søren Færch, derefter til Hans Christian Færch, der afhændede til sønnen Ole Færch, der igen afhændede til sine sønner Rasmus og Jacob Haugaard Færch. Jacob Færch ændrede i 2017 sit navn til Jacob Ellegaard Færch, da han blev gift med Nikoline.

Overklit i Færchslægtens eje

Ifølge udskrift af skøde- og panteprotokollen for Vennebjerg Herred, findes kopi af **skøde af 9. august 1869:**

Daniel Thanning afhænder hovedgården Overklit, en hollandsk vejrmølle, Vennebjerg sogns kirke med korn- og kvægtiende samt den under hovedgaarden tilhørende fæstegaard til konsul og købmand Søren Færch fra Nibe, ifølge skøde, for 32.500 rigsdaler (ca. 65.000 kr.).

Ifølge udskrift af skøde- og panteprotokollen for Vennebjerg Herred, findes kopi af **skøde af 15. juni 1874:**

Konsul Søren Færch af København afhænder hovedgården Overklit og den på ejendommen opførte hollandske vindmølle hollandsk vejrmølle for 46.000 rigsdaler (ca. 92.000 kr.) til sin søn Hans Færch. Vennebjerg Kirketiende er ikke nævnt i det renskrevne skøde, men Hans Færch har også ejet kirken.

Skøde af 24. oktober 1910:

Proprietær Hans Færchs enke Caroline Johanne Færch solgte Overklit til sønnen Søren Færch for 85.000 kr. Den hollandske vindmølle er sandsynligvis fjernet på dette tidspunkt, da der intet er nævnt om denne i skødet.

Skøde af 16. februar 1953:

Proprietær Søren Færch solgte halvdelen af Overklit for 150.000 kr. til forvalter Hans Christian Færch.

Skøde af 6. december 1960:

Proprietær Søren Færch solgte den anden halvdel af Overklit for 150.000 kr. til proprietær Hans Christian Færch.

Skøde af 26. april 1977:

Proprietær Hans Chr. Færch solgte tre fjerdedele af Overklit for 1.395.000 kr. til sin søn forvalter Ole Færch.

Skøde af 9. november 1982:

Proprietær Hans Chr. Færch solgte den sidste fjerdedel af Overklit for 825.000 kr. til sin søn proprietær Ole Færch.

Skøde af 20. februar 2007:

Proprietær Ole Færch sælger Overklit til I/S Brdr. Færch for 14.500.000 kr., selskabet ejes af Jacob og Rasmus

Færch (altså 6. generation af Færchslægten, der ejer Overklit).

Rasmus og Jacob Færch, har ikke boet på Overklit som voksne, deres far, Ole Færch, er i skrivende stund forpagter af Overklit.

Tilkøb af ejendomme

Skøde af 17. august 1989:

Ole Færch køber naboejendommen Mariegaard, Mariegaardsvej 23, Løkken af enke Gerda Jensen. Tilkøbte areal var på 61,2 ha., bygninger og ca. 7 ha. solgtes samme år videre til sanger Niels Samuel Hausgaard for 175.000 kr.

Skøde af 2. marts 2017:

Rasmus og Jacob Færch køber Voldvej 32 og 55, Vennebjerg ialt 17,5 ha. for 2.000.000 kr.

Foto er taget den 20. juli 1966 der grønthøstes. Ole er 19 år på det tidspunkt, fotoet er taget, så der er en lang landmandskarriere foran ham.

Ifølge folketællinger har rigtig mange familier været registreret på Overklit, der er ikke dykket ned i hvor alle disse familier kommer fra, men det vides, at mange lokale familier har haft en del af deres arbejdsliv på Overklit og mange også deres bopæl.

Ole har fortalt, at da traktorerne kom, besluttede hans far, Hans Christian, at sådan en skulle de have, da der skulle tre heste foran en selvbinder, det var et meget hårdt arbejde for hestene, der blev brugt to hold heste hver dag, et hold om formiddagen og et hold om eftermiddagen. Bedstefar, som Hans Christian hedder i daglig tale her på Overklit, syntes det var et ganske forfærdeligt arbejde for de arme heste, så med industrialiseringen var det et stykke arbejde, der havde en meget høj prioritet med hensyn til at få arbejdet udført med traktor i stedet for heste.

Det var nok ikke kun hestene, der var glade for traktorerne, det var medarbejderne helt sikkert også.

Overklits adresse: Overklitvej 154, 9800 Hjørring.

Matr. nr. 1a m.fl. Overklit Hgd., Vennebjerg.

Efter køb af naboejendomme i 2017 har Overklit et samlet areal på 174 ha, heraf vej 1,7 ha. Gården har siden midt firserne udelukkende været drevet som en ejendom med planteavl, oprindeligt var der både kreaturer og grise. Kreaturerne blev på et tidspunkt solgt, Overklit blev herefter i en årrække en ejendom med fedesvin og planteavl.

Avisartikel i Vensyssel Tidende 23. oktober 1960

Vennebjerg Kirke

Den gamle Færch-slægt har sine rødder på hovedgården Over-klit i Vennebjerg. Foto: Hans Ravn

Færch'erne i Vennebjerg

Af Anneke Lyngholm

LØNSTRUP: Da konsul Søren Færch fra Nibe i 1869 købte gården Overklit i Vennebjerg ved Lønstrup, grundlagde han en gren af Færch-slægten, der er vidt udbredt i hele Vendsyssel i dag.

Slægten kan man læse om i bogen *Færch-slægterne i Danmark 1998*, der netop er udgivet af Ole Færch, Aalborg, og nogle af de mennesker, der især studerer bogen nøje, er Kirsten og Per Færch, der bor i Lønstrup.

De er en del af den gamle, vidtforgrenede Færch-slægt, der har sine rødder på hovedgården Overklit i Vennebjerg.

Navnet Færch stødte man første gang på i Danmark i 1354, og på bogens 550 sider gøres der rede for, hvor mange og hvilke Færch'er, der har været gennem tiderne.

Købte kirken

Under navnet Søren Færch står der blandt andet, at han i 1869 købte gården Overklit med Vennebjerg Kirke for 36.000 rigsdaler, og det er der i øvrigt mere end slægtsbogen, der bevidner den dag i dag. På sydsiden af kirketårnet ser man jern-initialer for Søren Færch (S. F.), Overklit.

- Dengang fulgte kirkerne jo ofte med de store gårde, og vi har i familien altid hørt til Vennebjerg Kirke, fortæller Kirsten Færch, der er gift med Per Færch, som er født og opvokset på Overklit.

Døbt og konfirmeret

Per Færch er døbt, konfirmeret og viet i kirken, ligesom parrets to børn er døbt i kirken, og de har børnebørn, der er døbt i Vennebjerg Kirke.

Parret og slægtsbogen fortæller, at konsul Søren Færch i 1874 afhændede Overklit til sin søn proprietær Hans Færch. I 1910 døde Hans Færch, og Overklit blev herefter drevet af Hans' søn Søren Færch, som er far til Per Færch – den Per Færch, som bor i Lønstrup og i dag fortæller historien om slægten og Overklit.

- Efter min far overtog min ældste bror, Hans Christian, Overklit, og i dag er det Hans Christians søn Ole Færch, der driver gården, fortæller Per Færch, der husker tilbage på historierne om Overklit.

Egen husjomfru

Gården var i de tidlige Færch'ers tid en stor landbrugsejendom med mange ansatte og egen husjomfru, og der har altid været mange traditioner i familien. Blandt andet var det i mange år tradition, at familien samledes på Overklit 4. juledag, men efter at grenen er vokset og vokset, er traditionen lavet om til, at op mod 100 familiemedlemmer mødes sidste lørdag i maj på Tolne Skovpavillon.

- Her har vi en dejlig dag og kan følge med i, hvad der sker i familien. De fleste fra grenen Overklit har bosat sig i Vendsyssel, så der er stort fremmøde, men vi skuler også lidt, hvis der pludselig er nogen, der flytter syd for fjorden, siger Kirsten Færch med et smil.

Både hun og hendes mand ved godt, hvad de skal få en del af de mørke decemberaftener til at gå med. Mange af de 550 sider i slægtsbogen skal studeres ...

Kirken fulgte ikke med da Søren Færch overtog Overklit i 1910, i 1912 eller 1913 afstod Søren Færchs mor kirken.

Kirken er sandsynligvis solgt til Overklit af kongen efter reformationen i 1536, hvor Den Lutherske tro, kristendommen, indførtes i Danmark.

Mange af landets kirker blev efter reformationen privat ejendom, hvilket gjorde at ejerne af kirkerne kunne opkræve tiende. Efter grundlovens indførelse i 1849 kom menighedsrådsloven, og kirkerne gik stille og roligt over til staten, der så kunne opkræve kirkeskat. Øst for gavlen på Vennebjerg Kirke findes familiegravsted for en del slægten Færch.

På et tidspunkt er der blevet sat større vinduer i Vennebjerg Kirke, 2 af de gamle vinduesbuer er indmuret dels i den østre gavl og dels inde i kirkens kapel, den tredje bue havnede af uforklarlige årsager på Overklit, den var væk i mange år, indtil den blev fundet i forbindelse med nedrivning af en gyllebeholder, se foto på næste side af Ole, hvor

han sidder på vinduesbuen.

På sydsiden af tårnet til Vennebjerg kirke er der jerninitialer for Søren Færch, Overklit, og årstal 1889.

Tidligere var der initialer for *Nicolaj Brorson Agerbech og Karen Aagaard, hvis gravsted findes stående op ad Sct. Hans Kirke i Hjørring (Overklit nævnes på denne store flotte gravsten). **Det smukke navnløse skib, der hænger ned fra loftet midt i kirken, er bygget af en tilskadekommen sømand fra Aalborg og skænket af proprietæt Hans Færch, Overklit, skibet er ophængt i 1908.

*Af ***Jyske Samlinger fremgår følgende historie om Blanchflor, der som tidligere nævnt har ejet Overklit:*

Før Blancheflor, der var adelig, kommer til at bo på Overklit, har gården været bortforpagtet til bønder i mange år og derfor, havde de der boede på Overklit nok ikke søgt til Vennebjerg Kirke, så ejerne på Villerup fik ejerfornemmelser over kirkestolene i Vennebjerg Kirke, men det ville Blachflor ikke finde sig i, så hun tog kampen op for at få sine rettigheder, i Jyske Samlinger er der et længere skrift vedr. striden om fruestolene i Vennebjerg Kirke. Striden går på hvem der har ret til de øverste kirkestole. Blacheflor taber striden og må gå i den næst øverste kirkestol sammen med Villerups piger.

*Danmarks Kirkehistorie, **Vendsyssel Årbog 1953, ***Jyske Samlinger, 5. række VI bind.*

Tekst til avisartikel i Vensyssel Tidende 23. oktober 1960

"Der skal helst være noget, man skal ha' gjort hver dag"

Saa gaar man ikke i staa, siger den 77 aarige proprietær Søren Færch, der den 1. november har ejet Overklit i Nr. Harritslev i 50 aar.

For ikke saa mange aar siden var proprietær Søren Færch fast udstiller af heste paa dyrskuet i Hjørring. Hans fine jyske hopper høstede adskilligt sølvtøj hjem gennem aarene. Når der var travlt i marken paa Overklit kunne en hesteelsker fryde sig over synet af fem spand solide, røde, blankskinnende jyder, der støt nikkede sig frem over jorderne. I dag er de solgt alle sammen, og i stedet pruster tre store traktorer afsted med vogne og markredskaber. Der er sket mange ændringer i de 50 aar, proprietær Færch har ejet Overklit, og traktorernes indtog paa hestenes bekostning er kun en af dem

Ejerskifte 1. november

Den 1. november er det 50 aar siden Søren Færch overtog Overklit efter sin far Hans Færch, og den dag skifter Overklit ejer igen, idet sønnen Hans Chr. Færch, der i nogle aar har haft halvpart i gaarden, da overtager den helt. Søren Færch er trods sine 77 aar stadig i fuld vigør. Rask til bens og stovt af skikkelse følger han med i alt, selvom sønnen de senere aar har taget sig af den daglige drift. Der skal helst være noget, man skal hver dag, saa gaar man ikke i staa, siger han. Jeg passer stadig fjerkræet – høns, gæs og ænder.

De kender stemmen

Beviset herpaa leverer en flok gæs, der i lykkelig uvidenhed om mortensaften vralter rundt paa den store gaardsplads. Da de hører proprietær Færchs stemme fra hoveddøren, drejes de lange halse, som trukket paa en snor og med hovederne trekvart meter foran de vraltende rumper sætter de kursen mod trappen, hvor de højt skræppende stimler sammen, som en flok udsalgskunder om disken med de billige tilbud. Først da de bliver klar over, at det endnu ikke er fodringstid, holder de bøtte og trasker modstræbende ud paa grønsværen.

I slægten siden 1869

Overklit har været i slægtens eje siden 1869, fortæller Søren Færch. Min bedstefar konsul Søren Færch, der var købmand i Nibe, købte den af Daniel Thanning, og i 1874 overtog min far, Hans Færch, den.

Gaarden var meget forsømt dengang. De fleste af bygningerne var kun til at rive ned, og de blev da ogsaa bygget om med det samme. Hovedbygningen blev opført i 1873, hestestalden samme aar og laden og kostalden i 1875.

Med Overklit, der dengang var paa ca. 10 tdr. hartkorn og havde 30 køer i stalden, fulgte Vennebjerg Kirke, og konsul Færch betalte 36.000 rigsdaler for det hele.

Kirken fulgte med

-Dengang kunne man altsaa uden videre købe en kirke?

-Ja det hang sammen med tiendeordningen, der var tre tiender, en til præsten, en til kongen og en til kirkeejeren. Sidstnævnte havde pligt til at vedligeholde kirken efter provstetilsynets anvisninger, og det, der blev tilovers af hans del af tiendeafgiften, var hans fortjeneste.

Kirken fulgte ikke med, da jeg, efter min fars død, overtog gaarden i 1910, men to-tre aar efter afstod min mor den til selveje.

– Var jorden ogsaa forsømt, da Deres far overtog gaarden?

– Det meste af det saa slemt ud. Der var endda et stykke jord, hvor lyngen var begyndt at gro igen, og det var drøjt at faa ryddet. Min far fræsede, merglede og kultiverede jorden, saa den efterhaanden kom til at yde godt.

Gode og daarlige aar

Der var engang 200 tdr. land, siden er der solgt lidt fra til nogle indeklemte landmænd, og i dag er der 190 tdr. land middelgod jord

– Det har ikke været lige let at være landmand gennem et halvt århundrede.

– Starten var faktisk den letteste. I aarene 1910 til 1914 steg alting støt. Da havde en landmand virkelig mulighed for at forbedre sin bedrift, og han kunne oven i købet betale de maskiner, han købte. Dengang kunne man ogsaa faa folk, og vi plejer at have vore folk i mange aar. Vi har haft adskillige i seks-otte aar, og een havde vi i 22 aar.

Det gaar den gale vej

Fra første verdenskrig begyndte det at gaa den gale vej, og det kulminerede med krisen i trediverne, hvor man kunne købe smaagrise for 40 kr. pr. stk. og saa få 35 kr. for dem, når de gik paa slagteriet.

De sidste par aar før anden verdenskrig var det bedre. Da gik prisen for landbrugsvarer op, og udgifterne var ikke saa slemme, men det forhold er unægteligt ændret siden.

Vi klarer generationsskiftet

Hvordan klarer De generationsskiftet?

– Det gaar forholdsvis let, fordi vi har været enige om det, fra det blev aktuelt. Min kone døde i 1940, og da min søn blev gift samme aar, overtog han og min svigerdatter husholdningen. Min søn virkede som forvalter, indtil han for seks aar siden købte en halvpart i gaarden.

– Vi er seks søskende indskyder proprietær junior, og vi er alle indstillet paa, at gaarden skal blive i slægtens eje. Mine søskende har faaet del i forskud paa deres arv, men hvis de ville forlange boet skiftet, naar min far afstaar gaarden, kunne jeg ikke overtage den, der skulle alt for mange penge ud.

Men selvom vi altsaa har klaret det forholdsvis smertefrit, er der mange, som har store problemer med det. De unge, som overtager en ejendom, burde have en ordentlig skattelettelse paa de afdrag, de betaler. Derved ville de ogsaa hurtigere faa forbedret deres økonomi og indtjening og dermed blive bedre skatteydere for samfundet.

Moderniseret og mekaniseret

Paa en rundtur i gaardens bygninger viser proprietær Færch, hvor der er udvidet og forbedret gennem aarene. Kostalden blev moderniseret saa sent som i fjor, den fik brandsikret loft, separatbokse til alle spædkalve, drikkekummer og nye bindsler. Der er ogsaa planer om en mekanisering af fodring og rensning, men det rigtige system er endnu ikke dukket op.

Ellers er der mekaniseret saa meget som muligt. Roerne læsses ned i en transportør, der fører dem ind i roehuset, og i marken læsses roer og top med maskine. I høsttiden bruges transportør til kornet i laden, selv om den mægtige tømmerkonstruktion af og til er i vejen.

Masser af tømmer

-Der er faktisk tømmer til to lader i den, siger proprietær Færch senior. En del af det er strandingstømmer, men meget af det er kommet fra Norge. Min morfar, der hed Segelcke, var købmand i Lønstrup og han havde skuder, der gik i norgesfart. Med dem fik min far en masse solidt tømmer, og det kostede jo ikke noget videre dengang.

– Men nu skal min søn altsaa overtage det hele, og han har jo da ogsaa et par drenge, der maaske vil overtage gaarden engang. Selv kan jeg jo faa folkepension, selvom jeg ikke behøver at leve af den. Det er for resten ogsaa godt det samme.

– Jeg fik for nogen tid siden en check på 180 kr. for tre måneder, men dagen efter fik jeg en opkrævning på 160 kr. i tvangslaan, saa der var 20 kr. tilovers, og dem kommer man jo ikke langt med.

Mælk for fem kroner

Saadan er der egentlig saa mange ting, man undrer sig over. Jeg kan saaledes huske, da vi havde en radikal regering for mange aar siden, den gik saa vældigt ind for, at det hele skulle være ens for alle, og skønt jeg leverede 1000 pund mælk om dagen til mejeriet, fik jeg skam alligevel et kort, der gav mig ret til at faa mælk for 5 kroner. Kortet har jeg gemt som et minde om tåbelighed.

Det var ogsaa den radikale regering, der under første verdenskrig tildelte hele Overklit én liter petroleum til samtlige gaardens lamper. Vi kunne ikke faa mere, for alle skulle jo have lige meget, og saa brugte vi tranlamper. Det skete, at der gik ild i dem og det var et helt held, at gaarden ikke brændte dengang, men den staar der endnu, og det bliver den forhaabentlig ved med.

Overklit Mølle

Overklit Mølle som postkort.

Kortet er skrevet mellem 1906 og 1910, dels fordi Frederik den 8. er på frimærket, han var konge i perioden 1906-1912, dels blev møllen sandsynligvis fjernet senest 1910. Kortet er skrevet af en pige, der har været ansat på Overklit. Kortet fik jeg tilsendt for en del år siden, afsenderen var en herre fra Horsens, der vel havde fundet kortet og tænkt, det måtte have sin plads på Overklit – flot tænkt.

Avisartikel

En gang forbryder – altid forbryder i 1920'erne

En gammel laset frakke vurderet til 25 øre

En "tidligere straffet" landbrugskarl på 21 år fik i juni 1926 arbejde på herregården "Overklit" ved Hjørring.

Godsejeren Færch og forvalteren var af den opfattelse, at det var upassende at stille en seng til rådighed for karlen, og lod ham sove ude i en af laderne.

Efter at have arbejdet på herregården i et par uger, blev karlen ked af pladsen og gik sin vej. Ved bortgangen tog han en gammel, laset frakke, der lå på tærskemaskinen. Den tilhørte imidlertid 3. karlen på gården, og selv om frakken var uden værdi, anmeldte han "tyveriet" til politiet.

"Tyven" blev anholdt, og sagen kom for Kriminalretten i Hjørring, hvor frakken blev vurderet til 25 øre. Den fængslede forklarede, at han troede, frakken var kasseret og henkastet på tærskemaskinen. Ejeren af frakken 3. karlen var mødt op, og fik den på armen hjem.

Overvagtmester Christensen bemærkede meget rigtigt til 3. karlen, at han ikke kunne være bekendt at komme til retten med så ringe en sag;

og så gik sagen sin gang ved retten, og "tyven" blev idømt en fængselsstraf på næsten en måned.

Mon den unge mand nogensinde fik sin genoprejsning? jeg tror det næppe.

Kilder: JP, VT, lokale skrifter m.m.

27.07.2019 – FK Clarkfeldt

1901 Bagerst med pibe Hans Færch, på hans højre side hustru Caroline Johanne Færch og på venstre side Søren Færch, oldefar til Rasmus og Jacob.
Øvrige personer på fotoet vurderes at være ansatte og deres børn.

1909

1914 Familiefoto taget i haven på Overklit, til venstre med pibe Søren Færch, nr. 2 siddende fra venste Søren Færchs hustru Gudrun, drengen til højre må være bedstefar, der i daglig tale altid

er blevet kaldt H C., drengen til venstre må være Poul.

1969- 6. august er dette foto taget. Bygning forrest til venstre er en staklade, lige bagved er der et hønsehus og den hvide fløj, der er bygget på mod vest, er en del af svinestalden, her var grise. Det tidligere fordermesterhus ude til højre er hvidt på dette tidspunkt, det er kalket det gult for over 40 år siden, det lille hvide hus, der ligger lige fører et hønsehus, her er der dam i dag.

Ca. 1986

Overklit i det fjerne

En tragisk ulykke på jernbanesporet

Af Fk Clarkfeldt

Jernbanepatruljen mellem Sønderskov og Hjørring 28. januar 1944.

Stormen, der havde brølet i næsten to døgn kostede fredag morgen et menneskeliv.

Den 38-årige ekstraarbejder ved statsbanerne Alfred Andersen, Sønderskov, blev kørt ned af morgenekspressen – tog 360 – fra Frederikshavn under patruljetjeneste. Han dræbtes på stedet.

Alfred Andersen patruljerede banestrækningen sammen med reservepolitibetjent Peter Toft fra Hjørring.

Det lykkedes Toft at redde sig i sidste sekund, da en stor og truende skygge sprang ud af mørket bag dem.

Han gav et skrig fra sig og råbte til Andersen ved siden af "Væk".

Selv gav han sig ikke tid til at springe ud af sporet, men lod sig trille ned på den smalle strimmel sand ved siden af skærveballasten.

Toft slap uskadt, mens Andersen blev grebet af lokomotivet og slæbt med ca. 100 meter. Han var fuldstændig knust. Ulykken skete kl. 06.15 og de to vagtposter, der gik mod stormen kunne ikke høre toget, der kom bagfra.

På lokomotivet bemærkede man ikke ulykken. Først et par minutter efter togets ankomst til Hjørring, indløb der en meddelelse om ulykken fra blokposten ved Sønderskov.

Alfred Andersen – født i Vidstrup 10. oktober 1905 – var gift og efterlod sig 5 faderløse børn. Under den tyske besættelse var ikke alle stationsområder bevogtede, kun de største, og det var politiet og banerne selv, der stod for sikkerheden.

Strækningen mellem Frederikshavn og Nørresundby blev kontrolleret ved såkaldte linjeeftersyn, der fra slutningen af 1943 blev forstærket - således, at en bevæbnet dansk politibetjent og en jernbane-ansat konstant patruljerede linjen, der var opdelt i flere afsnit.

Efter, at det danske politi var blevet opløst i efteråret 1944, var det den tyske besættelsesmagt, der stod for bevogtningen.

Foto: Poul Erik Larsen – tak Poul

Kilder: Lokale skrifter, aviserne og Susanne Riismøller.

Tak Susanne for dit store arkivarbejde

Peder Siig halshuggede sin kone 1875

Fortællinger fra Vendsyssel

Mordet på Mette Christensdatter i Bolleskov 6. juni 1875

Af Søren Christian Bentzen, December 2010

Søndag, den 6 juni 1875 blev beboerne i Bolleskov i Dronninglund
Sogn vidner til en ganske tragisk hændelse: Husmanden
Peder Nielsen Siig halshuggede sin kone, Mette med en hakkelseskniv
i en voldsom brændevinsrus og et anfald af vanvittig sindsyge. Min
tipoldemor i Fjeldgaard, Ane Margrethe Christensdatter var som en af
de allernærmeste naboer tæt på begivenhederne og blev lig andre
naboer indkaldt som vidne under retssagen.
Mordet vakte selvfølgelig megen forfærdelse og stor rædsel på
egnen og der blev eftefølgende skrevet en skillingsvise om
misgerningen. Nogle af versene er gengivet i Lønborg Friis's
"Vendsyssels Nationaldragter og Vendelboerne i gamle Dage"
(Vendsyssel Tidendes Forlag, 1902):

> *"En vise synger jeg sørgelig,*
>
> *Den handler om Peter Nielsen Siig,*
>
> *Han havde nu den Tanke faaet,*
>
> *At Satan selv i ham var gaaet.*
>
> *Han havde Hus og en herlig viv,*
>
> *Han ofre Satan vil hendes Liv,*
>
> *Det skulde gjøre ham stærk i Troen;*

Ham gik en Morgeenstund ud i Loen.

Og da hun traadte i Loen ind,

Med kjærligt Blik og Smil paa Kind,

Hun aned' ej hvad der vilde ramme;

Men Skrækken næsten mon hende lamme."

Her skildres hvorledes han halshuggede sin Kone, hvorefter nogle Folk, som hendes skrig havde hidkaldt, vare Viden til, at:

"Han hendes Hoved holdt i sin Haand,

Og brølte ud med forvildet Aand:

I bliver behandlet saaledes alle,

Kom, jeg skal Død over jer nedkalde!"

De mange retsmøder i forbindelse med sagen strakte sig over det meste af sommeren og blev indført dels i Ekstraretsprotokollen dels i Politiprotokollen fra Dronninglund Herred. Peder Siigs egen forklaring, som han i det væsentlige fastholdt under det meste af forløbet, omhandlede bl.a., at det var Fanden, som havde fået ham til at begå mordet, og at Ane Margrethes søn, Jens Fjeldgaard havde været tilstede under det morderiske overfald.

Det følgende er en afskrift af forhørene under retssagen med enkelte originale dokumenter, som er bevaret på Landsarkivet for Nørrejylland i Viborg

Bolleskov, Søndag, d. 6. juni 1875

Det bevarede transportpas, som sognefoged Christen Nielsen, Gingsholm udstedte og sendte med den bundne og anholdte Peder Nielsen Siig til Sæby. Heri orienteres kort hvad der var hændt og øvrigheden anmodes om at tage sagen under behandling:

Til By- og Herredsfogedcontoiret i Sæby

Transport Pas - her medfølger en Skjerting [1]

--o--

Transport Pas

Hermed sættes Peder Nielsen Sig paa Transport til Sæby formedeles mordige Overfald mod hans Kone. Han løb efter hende 21 Favne Sønder i Heden og huggede Hovedet af hende med medfølgende Skjerting , hvorfor vi beder bemeldte Person taget under Behandling af det ærede Øvrigheds Personer, da saa groft et Overfald haver vi ikke hørt magen til.

Disse Personer, som kom tilstede ved Gjerningen vare nemlig:
1. Jens Petter Sørensen, Fladkjær.

2. Jens Poulsen, Rørholt.

3. Niels Christian Pedersen, Langbak.

Paa Tiden, Bolleskov, den 6te Juni 1875.

J. Jensen Langbak. Chr. Nielsen, Sognefoged.

Retsmøder indført i Ekstraretsprotokollen :

Bolleskov, Mandag, d. 7. Juni 1875

Aar 1875, Mandagen den 7. Juni, Eftermiddag kl. 12 ¼ blev
Dronninglund Herreds Politiret sat paa i Lejehusmand Peder Nielsen
Siigs Hus i Bolleskov, Dronninglund Sogn og administreret af den
ordinære Dommer, Kammerjunker Molkte i Overværelse af de
tilforordnede Retsvidner, hvor da (Sagsnr.112/75) foretages Forhør i
Anledning af indløben Melding om, at forannævnte Peder Nielsen Siig
havde dræbt sin Hustru.

Fremlagt blev Transportpas med Indberetning af Gaars Dato fra Bolle
Sognefoged. Den i Rapporten ommeldte Skærekniv var tilstede.

 Dommeren bemærkede, at da han igaar Aftes Kl. 10 var vendt tilbage
fra en Embedsrejse i Landsjurisdiktion i Anledning
af Forhørsoptagelse, forefandt han i sit Kontor den fremlagte
Indberetning, ligesom det blev ham meldt, at Husmand Peder Nielsen
Siig igaar hen ved Kl. 8 i Aftes var indbragt til Sæby og indsat i Arresten
samt at der ifølge Lægens Rekvisition var sat Vagt ved ham, fordi han
antoges at være afsindig.

 Dommeren begav sig straks over i Arresten til Anholdte, som han
fandt liggende med lukkede Øjne og forstyrret Udseende. Det var ikke
muligt at faa nogen som helst Forklaring eller Ytring af ham eller blot
en Tilkendegivelse af eller Tegn paa, at han forstod, hvad der blev sagt
ham.

Da der saaledes igaar Aftes ikke var nogen Mulighed for at holde
Forhør, forsøgte Dommeren atter i Morges Kl. 7, inden han begav sig
hertil Bolleskov, at faa Forklaring af Peder Nielsen, men det var heller
ikke muligt i Dag at bevæge ham til at fremføre et eneste Ord eller Svar
paa de til ham rettede Spørgsmaal, saa at det ogsaa i Morges maatte
opgives at stille ham for et formeligt Forhør.

De to Mænd, som i Nat havde haft Vagt i Arresten hos Anholdte forklarede, at Peder Siig i Nat mellem Kl. 2 og 4 havde været ustyrlig, men derefter var han falden i Søvn og atter bleven rolig.

Distriktslæge Jacobi, som var tilstede, bemærkede, at han igaar Aftes omtrent Kl. 8 af Fuldmægtig Hellum blev anmodet om øjeblikkelig at komme ned i Arresten for at tilse ovennævnte Anholdte. Da han kom derned fandt han Anholdte liggende paa en Madras paa Gulvet i den Arrest, hvor anholdte Personer foreløbig anbringes.

Han var dækket med et Par Tæpper. Han stirrede vildt hen for sig og det var ikke muligt at faa ham til at give en Lyd fra sig. Efter at han med Magt var bleven rejst for at kunne iagttage ham i Lysningen fra Vinduet, lod han til ikke at kunne staa paa Benene og faldt saa snart, man ikke holdt ham. Da det ikke kunne afgøres, hvorvidt han var aldeles sindsforvirret eller simulerede det, og da man kunne befrygte, at han ville gøre Skade paa sig selv, ansaa Lægen det for nødvendigt, at der blev sat Vagt ved ham.

Han blev derpaa anbragt i en anden Arrest, hvor ham kunne anbringes i en Seng og der afklædt, hvorpaa der ved Fuldmægtig Hellums Foranstaltning blev tilvejebragt 2 Mand til at sidde Vagt hos ham om Natten.

Lægen tilsaa ham et Par Timer herefter. Tilstanden var da uforandret. I Morges Klokken hen imod 7 tilsaa han ham igjen og fandt Tilstanden stadig uforandret. Han havde været noget larmende midt paa Natten, derpaa sovet lidt, men havde hverken talt eller nydt noget som helst. Urin og Ekskrementer var ikke kvitterede siden Ankomsten.

Saa bemærker Dommeren, at ved Ankomsten hertil Stedet i Bolleskov paaviste Peder Nielsens Stedsøn, Peder Christian Pedersen, der er Avlskarl paa Dronninggaard og som ikke havde været tilstede i

Gerningsøjeblikket, det Sted i Marken, hvor Peder Nielsen havde aflivet sin Mette Christensdatter, hvilket Sted var betegnet med en nedrammet Pæl og som er beliggende i en Afstand af 63 Alen fra Ladebygningens sydvestre Hjørne. Paa dette Sted fandtes en Mængde levret Blod, nogle Hudlapper tildels bedækket med Haar samt flere Benstykker og Tænder foruden enkelte Stykker med Blod gennemtrængt Tøj, hvilke alt tages i Forvaring af Retten. I Jorden fandtes et ca. ½ Alen langt dybt Spor at et Hug med et skarp Instrument.

Efter at Jens Peter Sørensen af Fladkjær, Jens Poulsen af Rørholt og Niels Peter Pedersen [2] af Langbak havde indfunden sig, paaviste de ligeledes det ovennævnte Sted i Marken som det Sted, hvor de havde set, at Peder Nielsen havde dræbt sin Hustru. Peder Chr. Pedersen paaviste fremdeles da Klædningsstykker, som Afdøde igaar havde været iført og som var blevne hængte i nogle Buske i Haven ved Huset.

I alle Klædningsstykkerne fandtes der Flænger i Ryggen, der øjensynlig vare frembragte ved Hug af et skarpt Instrument, ligesom den øverste del af Klædningsstykkerne omkring Halsen dels afskaarne dels hang i Laser.

Liget af Afdøde fandtes henlagt paa Halm, som var spredt paa 2 Vognfjæle i Laden. Det var iført et rent Stykke Linned samt tildækket med Lagen.

Med Hensyn til Ligets Tilstand afgav Distriktslæge Jacobi følgende:

Visum repertum.

[3]

Liget laa paa Ryggen og viste sig at være en Kone paa mellem 60 og 70 Aar. Dødsstivhed var tilstede. Hypostatisk Rødme fandtes ikke. Ved at røre ved Liget saaes straks, at det bestod af 2 Dele. Hovedet med Undtagelse af Underkæben og de dertilhørende Bløddele dannede den ene Del. Kroppen med Hagen og en Del af Underkæben samt Ekstremiteterne den anden.

Igennem Munden var der faldet flere Hug, som havde skilt den øverste Del af Hovedet fra den nederste Del. I en Linie, som gik fra Mundvinklerne under Ørerne til Nakken. Tungens ene Del fandtes i Forening med Hovedet, den anden Del i Forening med Kropsdelen. Paa Bagfladen af Hovedet saaes tydelige Spor af flere voldsomme Hug, og Nakkehvirvlerne syntes at være gennemhugget paa flere Steder.

En Del af Huden paa Bagfladen og Sidedelene af Halsen manglede. Forfladen af Hagen var ubeskadiget.

Paa Ryggen fandtes lidt under højre Skulderbladskam et Saar paa, omtrent en Tomme Længde, som gik skraat ovenfra nedad og udenfra indad og gennemskar Huden, uden at have beskadiget de dybere Lag. Imellem Skulderbladene mest til højre Side fandtes et andet Saar af omtrent 2 Tommers Længde, som gik parallelt med det forrige og gennemskar Huden, de underliggende Muskellag og var trængt ind i Ryghvirvlerne, saaledes at man i Bunden af Saarene følte løse Benstykker. Paa venstre Skulderblad fandtes et Saar af omtrent 2 ½ Tommers Længde, som gik ovenfra nedad og indenfra udad, gennemskar Musklerne og syntes at være trængt næsten igennem hele Skulderbladskammen. Et Par Tommer fra dette udad imod Overarmen fandtes et 4de Saar af 1 ½ Tommers Længde, der ligeledes gennemskar Huden og Muskler og synes at gaa tværs igjennem den ydre Del af Skulderbladskammen og ind i Leddet.

Paa øverste Del af Overarmen findes et lidet Saar, som er overfladisk og løsner et Hudparti af omtrent 1 ½ Tommers Længde og 1 ¼ Tommers Bredde, hvilket Stykke med sin forreste Del er tilhæftet i den øvrige Hud.   Jacobi

Dommeren henholdt sig til det af Distriktslægen afgivne Skøn.

Den tilstedeværende af Sognefogden indsendte Hakkelseskniv blev udtagen af den Halm, hvori den var indbunden, og besigtiget af Dommeren og Retsvidnerne. Den bestaar af et 1 Alen langt og 4 ½ tommer bredt Staalblad, der er nittet til Jernryg, hvis Angel er forsynet med et Træskaft. Den ydre Del af Ryggen med Øjet er afbrækket i Linie med Bladet. Hakkelseskniven vejer i det hele 3 ½ Pund. Den yderste Del af Bladryggen er fuld af Saar, og der findes i samme i Revne, som gaar 1 ½ Tomme ind fra Ryggen. Den inderste Del er skarpsleben. Fra Haandtaget indtil Midten af Bladet findes indtørret Blod, hvori hæfte enkelte Haar. Fra Midten indtil Enden af Bladet er tydelige Spor af, at Kniven har været hugget i Jorden. Kniven forsynes med Rettens Segl.

Herefter fremstod:

I. Vidnet Tjenestekarl Niels Poulsen af Rørholt, Bolle Fjerding, der formanet til Sandhed forklarer, at da han og Tjenestekarl Niels Peter Pedersen af Langbak igaar Formiddags opholdt sig i Husmand Jens Peter Sørensen Fladkjærs Hede, hvor de tilligemed sidstnævnte var beskæftiget med at skære Tørv syd for Peder Siigs Hus i en Afstand af omtrent 150 Favne fra dette, saa han, at Peder Siigs Hustru Mette kom løbende hen i Retning af det Sted, hvor Vidnet stod, efterfulgt af hendes Mand, der slog hende i Ryggen med en stor Genstand, hvilken Vidnet paa Grund af Afstanden ikke kunne se, hvad var. Idet Vidnet blev opmærksom paa Peder Siigs Hustru, faldt hun omkuld efter at have gjort et Par Skridt, og han saa, at Peder Siig med Genstaden, han havde i Haanden, huggede ned paa det Sted, hvor Konen laa.

Vidnet og Niels Peter Pedersen løb nu saa hurtigt, de kunne, hen imod Peder Nielsen, der vedblev at hugge nedefter med den Genstand, han havde i Haanden. Inden Vidnet og Niels Peter samt Jens Peter Sørensen, der fulgte saa hurtigt, han kunde, naaede Peder Siig, løftede denne en Genstand i Vejret, som Vidnet antog at være Konens Hoved, hvorhos han truede ad dem med den Genstand, han havde hugget med, og som Vidnet nu kunne se at være en Hakkelseskniv, som han holdt i Skaftet.

Da Peder Siig havde truet med Kniven, løb han ind i Gaarden med denne, medens han i Marken kastede den Genstand, som Vidnet antog var Konens Hoved, fra sig. Da Vidnet naaede hen til det Sted, som er paavist af ham i dag for Retten, og hvor der findes en Blodpøl og en nedrammet Pæl, saa han, at Kroppen af Peder Siigs Hustru laa der, medens hendes Hoved, som var afhugget, laa et par Alen syd derfor. Vidnet, der ikke kunne taale at se det lemlæstede Lig, lagde ikke Mærke til, i hvilken Stilling Kroppen laa.

Af Frygt for, at Peder Nielsen ogsaa skulle gør Ulykke paa dem, løb de tilbage efter deres Spader for at have noget at værge sig med og begav sig atter hertil Huset, men da de dog ikke kunde gaa hen til Peder Nielsen, som gik i Gaarden med Hakkelseskniven, tilkaldte de flere Folk, som Vidnet dog ikke kender med Undtagelse af Husmand Hans Jensen af Bolleskov.

Vidnet saa, at Peder Nielsen først gik ind i Rollingen og derfra over i Laden, hvor han satte sig til at hugge i noget Træ, medens de tilstedeværende udefra søgte at tale ham tilrette.

Da han imidlertid vedblev at true ad dem med Hakkelseskniven, saa at de ikke kunne komme ham nær, hentede Hans Nielsen og Niels Peter Pedersen en Brandhage ved Hjælp af hvilke de fik Peder Nielsen virret omkuld, hvorpaa de fratog ham Kniven og bandt ham om Hænder og Fødder. Efter at var bleven overmandet ytrede Peder Nielsen flere Gange: "Her er Manden, som gjorde. Jeg var nød til det".

Vidnet, som forøvrigt ikke kender nærmere til Peder Nielsen, ansaa denne for forrykt. Vidnet har heller ikke tidligere set noget til Peder Nielsen og kan ikke have noget Skøn om hans Sindstilstand.

Vidnet blev tilstede indtil Sognefogden efter nogle Timers Forløb havde indfunden sig. I dette Tidsrum talte Peder Nielsen af og til uden at Vidnet lagde mærke til det "Pjank", han fremførte. Af og til var ham derimod ikke til at formaa til at sige et eneste Ord.

Forevist den tilstedeværende Hakkelseskniv erklærer Vidnet, at han i denne med Bestemthed genkender den Kniv, som Peder Nielsen, saaledes som af Vidnet forklaret, havde i Haanden og brugte igaar.

Oplæst og vedtaget med den tilføjelse, at efter at Peder Nielsens Hustru, som forklaret, var falden omkuld, lagde Peder Nielsen sig paa Knæ over hende og huggede med den Genstand, der senere viste sig at være en Hakkelseskniv.

II. Vidnet Tjenestekarl Niels Peter Pedersen af Langbak, der formanet til Sandhed, forklarer, at han, der er født i Langbak den 7de August 1855, igaar Formiddags sammen med foregaaende Vidne og Jens Peter Sørensen Fladkjær var tilstede i sidstnævntes Hede syd for Peder Siigs Hus for at skære Tørv. Han saa her, at Peder Nielsens Kone Mette kom løbende fra Huset ud ad Heden mod det Sted, hvor han og de 2 andre skar Tørv. Hun blev efterfulgt af Peder Nielsen, der huggede hende i Ryggen med en Genstand, han havde i Haanden, som Vidnet paa Grund af Afstanden ikke straks kunne se, hvad var.

Da Konen var kommet hen til det af Vidnet i dag paaviste Sted i Marken, hvor der findes en Blodpøl, og en Pæl nu er nedrammet, skubbede Peder Nielsen hende omkuld og tildelt hende et Par Hug med den ovennævnte Genstand, hvorefter han lagde sig paa Knæ og vedblivende i denne Stilling at hugge paa hende.

Vidnet, som med Niels Poulsen og Jens Peter Sørensen, da Peder Nielsens Kone kom løbende fra Huset, stod omtrent 150 Favne fra dette, ilede hen til hende, da de saa, at hun blev forfulgt af Peder Nielsen, men inden de naaede hen til det Sted, hvor hun laa og hvor Peder Nielsen havde lagt sig paa Knæ, saa Vidnet, at sidstnævnte holdt sin Kones Hoved, som han havde afhugget, frem imod dem, ligesom han ogsaa truede dem med den Genstand, med hvilken han havde hugget paa Konen, og som Vidnet nu saa var en Hakkelseskniv.

Saasnart Peder Nielsen havde truet ad dem og kastet sin Kones Hoved fra sig, løb ham ind i sit Hus. Vidnet og de andre hentede deres Spader og vendte tilbage til det Sted, hvor Konen laa. Kroppen af Peder Nielsens Hustru laa paa Marken paa det Sted, hvor Blodpølen findes, og Hovedet et Par Alen syd derfor.

 Med Spaderne nærmede de sig Peder Nielsen, som gik i sin Gaard med Hakkelseskniven i Haanden. De turde dog ikke alene gaa til ham, hvorfor de kaldte flere Naboer til, deriblandt Hans Jensen.

Peder Nielsen havde imidlertid begivet sig ind i sin Lade, hvor han med Hakkelseskniven overhuggede et temmelig tykt Elletræ. De tilstedeværende forsøgte at tale ham tilrette, hvorfor Vidnet og Hans Jensen, da Peder Nielsen vedblivende truede med Hakkelseskniven, hentede en Brandhage, med hvilken det lykkedes at trække Nielsen omkuld, hvorefter de fratog ham Hakkelseskniven og bandt ham.

Imedens de tilstedeværende var i færd med at binde Peder Nielsen, ytrede denne, at han ikke troede, at de Mænd, som bandt ham, vilde taget Livet af ham. Forøvrigt hørte Vidnet ikke, at han sagde noget.

Saasnart Peder Nielsen var bundet begav Vidnet sig paa Vej efter Sognefogden for at tilkalde ham, og Vidnet var ikke senere tilstede herved Huset.

Vidnet har kendt Peder Nielsen saalænge, han kan huske. Sidstnævnte har i mange Aar været forfalden til Drik. Og hans Drikfældighed er navnlig tiltaget de sidste 4 á 5 Aar. Vidnet har ikke haft Lejlighed til at bemærke, hvorledes Forholdet har været mellem Peder Nielsen og hans Hustru, der for øvrigt var mange Aar ældre end han. Efter Vidnets Skøn var Peder Nielsen svirende igaar. Han opførte sig i det hele, som om han var forrykt.

Forevist den tilstedeværende Hakkelseskniv erklærer Vidnet, at han genkender denne som den af ham omforklarede, med hvilken Peder Nielsen igaar har hugget sin Kone ude i Marken.

III. Vidnet Husmand Jens Peter Sørensen af Fladkjær, 58 Aar gl., der efter at være formanet til Sandhed, forklarer saaledes overensstemmende med foregaaende Vidne alene med Undtagelse af, at han ikke saa, at Peder Nielsens Hustru Mette kom løbende ud fra Huset, men først blev opmærksom paa hende, idet hun faldt omkuld paa det Sted i Marken, hvor nu en Blodpøl findes.

Efter at foregaaende Vidnet var redet efter Sognefogden, blev Vidnet tilstede ved Huset.

Peder Nielsen Siig blev flere Gange løst af sine Baand om Fødderne og
ført hen til sine Kones Lig. Naar han kom tilbage til Huset, ytrede han
flere Gange: "Her er Gerningsmanden, jeg har gjort det". Da Hans
Jensen spurgte ham, hvorfor han havde gjort det, sagde han, "at han
skulle gjøre det, han havde flere Gange advaret hende imod at se ind i
Laden til ham, men hun ville ikke adlyde ham". Til enkelte Tider talte
han ganske fornuftigt, men til andre tider førte han forvirret Tale eller
tavs rent stille.

Efter at være forevist den tilstedeværende Hakkelseskniv, erklærer
Vidnet, at han i denne genkender den Kniv, som Peder Nielsen igaar
havde i Haanden, da han paa Marken truede ad Vidnet og de to
foregaaende Vidner, og som han ikke slap førend han blev bunden.
Vidnet saa ogsaa, at Peder Nielsen havde den nævnte Hakkelseskniv i
sin Haand, da forlod sin Kones Lig.

IV. Vidnet Avlskarl Peder Christian Pedersen af Dronninggaard, 30 Aar
gl., der formanet til Sandhed forklarer, at han er en søn af afdøde
Mette Christensdatter og dennes første Mand Peder Svendsen. Hans
Moder var i en Alder af 66 Aar og havde i andet Ægteskab været gift i 19
Aar med Peder Nielsen Siig, der er omtrent 18 Aar yngre end Vidnets
Moder.

Vidnets Moder og Stedfader har i det hele taget levet i god Forstaaelse
med hinanden, og hans Moder gav aldrig Anledning til Uenighed, idet
hun stadig søgte at rette sig efter sin Mand. De havde ingen Børn
sammen, og da Vidnet var ude at tjene, boede de alene her i Huset,
dog havde de siden November forrige Aar udlejet den østre Stue til et
Fruentimmer ved Navn Stine, der ikke er hjemme i dag.

Peder Nielsen Siig er i Aarenes Løb bleven en Del drikfældig, dog drikker han ikke til Stadighed, men kun til enkelte Tider, og han er ikke beruset i flere Dage i Træk.

Igaar Formiddags Kl. 11 ½ kom der Bud til Vidnet, som opholdt sig paa Dronninggaard, med Meddelelse om at hans Moder var død, og at hans Fader skulde have dræbt hende. Han begav sig snarest muligt hertil Huset, hvor han traf sin Moder liggende paa det Sted i Marken, hvor der nu findes en Blodpøl. Hovedet var skilt fra Kroppen og laa et Par Alen syd for den.

Hans Fader var allerede bleven bunden af de tilstedeværende Folk. Han kendte straks Vidnet og ytrede noget efter, idet han nævnte Vidnet ved Navn og bad ham om at løse hans Baand, at han ikke troede, at Vidnet var saa haard. Vidnet vægrede sig imidlertid ved at løse Baandene, men da hans Stedfader bad om at maatte se sin Kone, løsnede Vidnet dog Baandene og førte ham hen til Dødsstedet. Her forlangte han om at maatte se sin Kones Hoved, og da han ikke maatte se det, bad han om at maatte røre ved det, hvilket Vidnet ligeledes nægtede ham.

Da Vidnet foreholdt ham det afskyelige i hans Gjerning, svarede han, at han skulle gjøre det, hun havde været nysgerrig og villet se ind til ham i Laden.

Vidnet, som ikke havde set sine Forælder siden afvigte April Maaned, kan intet oplyse om deres Forhold den seneste Tid. Efter Folks udsigende har Peder Nielsen i flere Dage i forrige Uge været beskænket, dog forekom det ikke Vidnet, at hans Fader igaar var videre beruset. Han var dog en del forstyrret. Han var ikke forstyrret, medens han laa bunden her igaar eller da han blev bragt til Vognen for at transporteres til Sæby.

Vidnet, som forevist den tilstedeværende Hakkelseskniv, erklærer, at han godt kender denne. Hans Fader har ejet den i et Par Aarstid, og Vidnet har ofte skaaret Hakkelse med den. Hvor Kniven beroede igaar, indtil hans Fader benyttede den imod hans Moder, ved Vidnet ikke. De Saar, som nu findes i dens yderste Del af Kniven, antager Vidnet, at være frembragte ved, at hans Fader efter at have dræbt sin Kone har hugget i Træ med den.

Peder Christian Pedersen paaviste i Ladens Vognport et Elletræ af omtrent 3 ½ Tommers Diameter, hvilket hans Fader igaar havde overhugget med Skærekniven. Desuden fandtes paa Vognportens Kant Spor af, at der i samme var hugget med en skarp og blodig Genstand.

Efter at de paa Gerningstedet fundne Hudlapper m.m. saa vel som Afdødes Klædningsstykker, som hun havde været iført igaar vare bleven lagt ind i Laden, hvor Liget af Afdøde anligger, blev Laden omhyggelig med Kroge paa indre Side af den ene Port og Dørene, medens den anden Port paa udvendig Side blev lukket til sidst og forsynet med Rettens Segl.

De mødte dimitterede [4] , idet Peder Christian Pedersen, som foreløbig bliver boende her i Huset, lovede at føre Tilsyn med den aflaasede Lade. Hakkelseskniven blev taget i Rettens Forvaring.

(Oplæst og vedtaget) Politiretten hævet.

A. Molkte.   A. Lund.   N. C. Astrup.

Sæby Raadhus, Tirsdag, d. 8. juni 1875:

Aar 1875, Tirsdagen den 8. Juni, Eftermiddag kl. 3 blev Dronninglund Herreds Politiret sat paa i Sæby Raadhus og betjent af den ordinære Dommer, Kammerjunker Molkte i Overværelse af de tilforordnede Retsvidner, hvor da Sagen paany blev foretaget:

Fremlagt blev Erklæring af Dags Dato fra Distriktslæge Jacobi til Indlemmelse:

"Til Herredsfoged, Kammerjunker Molkte!

Ved mit Besøg i morges i Arresten hos anholdte Peder Nielsen af Bolleskov fandtes hans Tilstand i det væsentligste uforandret. Hans Blik er mindre forvildet, men det er endnu umuligt at faa nogen Lyd fra ham, ligesom han heller ikke har været at formaa til at tage Næring til sig siden hans Ankomst hertil. Vagten kan ikke afgøre, om han har sovet i Nattens Løb, da han stadig har ligget med lukkede Øjne. Sæby den 8de Juni 1875 Jacobi"

Dommeren bemærkede, at han ved sin Hjemkomst igaar Aftes Kl. 11 indfandt sig hos Arrestanten, der laa stille Sengen uden at ville ytre noget som helst.

For protokollen fremstod Arrestforvarer Kallenberg, der forklarede, at Peder Nielsen igaar Eftermiddags havde været noget ustyrlig og end ogsaa bidt den ene af Vagterne i Armen, men hen ad Aftenen faldt han igjen til ro og har hele Natten ligget ganske stille i Sengen.

Et Par timer efter at Distriktslægen i morges havde tilset Anholdte, spurgte Vidnet ham, der i igaar Aftes havde kvitteret Urinen i sin Seng, om han ikke ville staa op for at komme ud at forrette sin Nødtørft. Hertil svarede han, ja, hvorpaa han blev paaklædt og ført ud i Gaarden.

Han opholdt sig imidlertid kun ganske kort derude og vendte tilbage til Arresten med den Erklæring, at han ikke kunne være derude, da Djævelen var efter ham.

Anholdte er derefter forbleven paaklædt i Arresten, hvor han har talt en Del, som dog har været forvirret Tale, ligesom han ogsaa har taget Næring til sig. Hele Dagen igaar var Anholdte ikke at formaa til at fremføre et Ord. Hver Gang Vidnet talte til ham, spyttede han efter Vidnet.

(Oplæst og vedtaget)

Anholdte blev nu fremstillet og forklarer paa Dommerens Spørgsmaal, at han hedder Peder Nielsen Siig, er 48 Aar gl., at han har et Hus i Leje i Bolleskov, og at han i 18 Aar har været gift med Mette Christensdatter, der var 18 Aar ældre end han. Han har ingen Børn med sin Kone, der af første Ægteskab har 2 Børn, nemlig en Søn ved Navn Peder Christian Pedersen, som er Avlskarl paa Dronninggaard, og en Datter Ane Pedersdatter, der opholder sig Sønden Fjorden, hvor hun er gift med en Mand ved navn Jens Christian Andersen.

Da Dommeren derpaa adspurgte Anholdte angaaende det af ham forøvede Drab, forklarer han, at han i Søndags huggede Hovedet af sin Kone, fordi hun kiggede ind igjennem et Hul paa den nordre Side af hans Rolling, indenfor hvilket Fanden sad, da dette bevirkede, at han ikke kunde faa Magt med Djævelen.

Han udsiger fremdeles, at han afhuggede sin Kones Hoved med en Hakkelseskniv syd for Laden, men at han atter satte det paa, og at hun senere har været her, hvilket Folk har sagt ham.

Dommeren samtalede i længere Tid med Anholdte. Saalænge Samtalen drejede sig om den af ham forøvede Gerning, gav han forvirrende og usammenhængende Svar, i hvilket han stadig indblandede Djævelen. Han omtalte bl.a., at en Mand ved Navn Jens Fjeldgaard havde læst Fanden til ham for at faa at vide, hvem der havde forhekset Anholdtes Ko, og at medens Fanden atter skulde læses bort, kom hans Kone og kiggede ind ad Hullet i Rollingen.

Naar Dommeren derimod henledede Talen paa Genstande, der ikke stod i Forbindelse med Anholdtes Kone, gav han klare og bestemte Svar, der ikke tydede paa Sindsforvirring. Peder Nielsen forholdt sig for øvrigt rolig under Dommerens Samtale med ham, men hans Blik var stift og stirrende, dog afvekslede det i forskellig Grad.

Dommeren afsagde saadan

Kendelse:

Da Anholdte under de foreliggende Omstændigheder og i Betragtning af den af ham forøvede Gerning vil være at holde tilstede, bliver han at belægge med Varetægtsarrest.

Thi eragtes:

Peder Nielsen Siig bør fængsles.

Kendelsen oplæst.

Den tilstedeværende Hakkelseskniv blev forevist Arrestanten, der erklærede, at den er ham tilhørende og at det er denne Kniv, han benyttede til dermed at afhugge sin Kones Hoved. Han hentede Kniven fra hans Hakkelsekiste, som stod i Laden. Han har for et Par Aarstid købt Kniven hos Købmand Pallesen i Asaa, og en Smed ved Navn Peder Christian har befæstet Bladet til en gammel Jernryg, som han ejede.

Umiddelbart efter at Arrestanten havde afgivet denne Forklaring, bemærkede han, at en Engel har bragt 100 Rdl. ...., som han skal have. Arrestantens Forklaringer var saaledes en Blanding af fornuftig og forstyrret Tale.

Arrestanten afhørt. Forhøret udsat. Politiretten hævet. A. Molkte A. Lund   N. C. Astrup

Bolleskov, Onsdag, d. 9. Juni 1875

Aar 1875, Onsdagen den 9. Juni, Middag Kl. 12 blev Dronninglund Herreds Politiret sat paa i i Peder Nielsen Siigs Hus i Bolleskov og administreret af den ordinære Dommer, Kammerjunker Molkte i Overværelse af de tilforordnede Retsvidner, hvor da Sagen paany blev foretaget:

Paa Dommerens Anmodning vare mødt Fysikus Poulsen af Aalborg og Distriktslæge Jacobi for at foretage Bopælsobduktionsforretning af Liget af Mette Christensdatter.

Arrestanten var bragt tilstede.

Saa var mødt de tidligere afhørte Vidner Tjenestekarl Jens Poulsen af Rørholt, Tjenestekarl Niels Peter Pedersen af Langbak og Husmand Jens Peter Sørensen af Fladkjær.

Dommeren med Retsvidnerne undersøgte derpaa den forseglede Dør i Ladebygningen og befandtes det for samme anbragte Retssegl ubeskadiget. Rettens Segl fratoges og blev, efter at Laden var aabnet, Liget, der henlaa urørt sammesteds, taget i Øjesyn af Arrestanten, som erklærede, at han i dette genkender hans Hustru, hvis Hoved han i Søndags havde afhugget med Skærekniven.

Paa Dommerens Spørgsmaal om af hvilken Grund, han havde aflivet sin Hustru, svarede Arrestanten først, at han havde maattet være gal, og paa nærmere Forespørgsel erklærede han, at han havde forøvet Gerningen, fordi hun havde kigget ind ad Hullet paa den nordre Side af Rollingen.

Ligeledes blev Liget paany beset af de ovennævnte tre tidligere afhørte Vidner, der alle erklærer, at dette er Liget af Mette Christensdatter, som de havde fundet paa Marken, efter Arrestanten havde hugget Hovedet af hende i Søndags.

Liget af Arrestantens Hustru blev herefter overladt til Lægerne til Obduktion, som foretoges og Fysikus lovede, at sende Dommeren den beskrevne Forretning.

Arrestanten paaviste et Hul af 6 á 8 Tommers Størrelse i Rollingens nordre Væg, som det af ham omklarede gennem hvilket hans Kone i Søndags havde kigget imod hans Vilje. Hullet var tilstoppet med grøn oprykket Rugstraa, og Arrestanten erklærede, at han havde gjort dette. Ligeledes paaviste han i Marken syd for Laden det Sted, hvor han havde hugget Hovedet af sin Hustru.

Forklaringerne oplæste og vedtagne. De mødte Vidner dimitterede. Arrestanten afgivet til Bevogtning.

Forhøret udsat. Politiretten hævet.

A. Molkte.   A. Lund.   N. C. Astrup.

Retsmøder indført i Politiprotokollen:

Aar 1875, Mandagen den 7., Tirsdagen den 8. og Onsdagen den 9. Juni foretaget No.112/75 Forhør til Oplysning om Husmand Peder Nielsen

Siig af Bolleskov har dræbt hans Hustru, vide (se) Ekstraretsprotokollen.

Sæby Raadhus, Fredag, d. 11. juni 1875

Aar 1875, Fredagen den 11. Juni blev Dronninglund Herreds Politiret sat paa Sæby Raadhus og betjent af den ordinære Dommer Kammerjunker Molkte i Overværelse af de tilforordnede Retsvidner, hvor da Sagen blev paany foretaget:

Arrestanten (Peder Nielsen Siig), der ifølge Arrestforvarerens Udsagn siden hans Tilbagekomst fra Forhøret i Bolleskov den 9. ds. har forholdt sig rolig og tilsyneladende været ved sin Fornufts Brug, blev nu fremstillet.

Paa Dommerens Opfordring til ham om at meddele de nærmere Omstændigheder ved Drabet af hans Kone, afgav Arrestanten imidlertid følgende Forklaring, idet han vedblivende erklærede, at han ikke vidste bedre Besked:

" I Søndags Morges begav han sig hen til Jens Christian Jensen Fjeldgaard af Bolleskov for af denne at faa at vide, hvem der havde været Aarsag til at Arrestantens ene Ko i afvigte Vinter havde været syg. Jens Fjeldgaard gik med Arrestanten ud paa Marken nord for sit Hus, hvor han gav sig til at læse, idet de begge laa i Jens Fjeldgaards Rug. Da Jens Fjeldgaard havde læst noget, kom Christen Clausen og Christen Hansen begge af Bolleskov til, hvilke forvandlede sig henholdsvis til en Hugorm og en Slange, som løb ind i Rugen.

Jens Fjeldgaard læste dem bort, hvorpaa han og Arrestanten begav sig til dennes Hus. Her kom Satan til dem. De fik ham lukket ind i Laden, hvorpaa Arrestanten for at holde ham derinde lukkede Porten og Dørene paa Laden samt tættede Aabningerne paa disse med Komøg, for at Djævelen ikke skulle slippe ud. Desuagtet løb han fra Laden over i Rollingen, og slap ind i et Aflukke sammesteds, hvor Arrestanten og Jens Fjeldgaard holdt paa ham.

Medens de sad her, kiggede Arrestantens Kone ind ad det Hul i Rollingens nordre Væg, som han i Onsdags paaviste for Retten. Han bad hende gentagende Gange om ikke at se igjennem Hullet. Men da hun desuagtet vedblev dermed, løb han, for at Djævelen skulde faa Magt over ham og Jens Fjeldgaard, over i Laden og løsnede Skærekniven fra Hakkelseskisten, som stod paa Loen samt forfulgte sin Kone sønden ud i Marken, idet han huggede efter hende med Skærekniven, som han holdt med begge Hænder.

Han erindrer, at hun faldt om i Marken paa det Sted, han i Onsdags paaviste Retten, og at han har afhugget hendes Hoved, men han kan ikke huske, hvorvidt han forinden havde saaret hende paa andre Steder af Kroppen eller om han laa paa knæ, da han huggede hendes Hoved af.

Arrestanten erklærer, at han ikke kan huske, om han i Søndags eller de foregaaende Dage har drukket Brændevin.

Han Kone har altid været god imod ham, og fortryder han højlig den Gerning, som han har forøvet imod hende. Arrestanten gjentager, at hans Kone var 18 Aar ældre end han og at de har været gifte i 18 Aar. - "

Han er født i Bolleskov og er Søn af afdøde Husmand Niels Simonsen og Hustru Ane Nielsdatter. Han har 2 Brødre, nemlig Jens Nielsen, der er Husmand og bor syd for Hou, og Niels Nielsen, der tidligere har boet i Lyngsaa og i Nørre Ørvad, men som nu bor sydøst for Hjørring. Han har kun en Søster der hedder Ane Nielsdatter og er gift med en Mand ved Navn Christen, som bor i et Hus, som ligger syd for Arrestantens Broder Jens's Hus.

Arrestanten klager over ildebefindende og navnlig over sit Hoved uden at han nærmere kan beskrive, hvad han fejler.

Efter at Forklaringen var oplæst for Arrestanten, bekræfter han dennes Rigtighed, idet han erklærer, at han ikke kan huske bedre. - Arrestanten afgivet til Bevogtning. Dommeren og Retsvidnerne siger, at de havde iagttaget, at der paa Dørene i Arrestantens Lade var Spor af, at disse forneden havde været tilstoppet med Kogødning.

Forhøret udsat

Sæby Raadhus, Fredag, d. 18. juni 1875

Aar 1875, Fredagen den 18. Juni blev Dronninglund Herreds Politiret sat paa Sæby Raadhus og betjent af den ordinære Dommer Kammerjunker Molkte i Overværelse af de tilforordnede Retsvidner, hvor da Sagen blev paany foretaget:

Fremlagt blev en fra Fysikus Poulsen og Distriktslæge Jacobi modtagen Skrivelse dateret 11. ds. indeholdende den beskrevne Obduktionserklæring til Vedfølge.

Arrestforvarer Kallenberg fremstod og forklarer, at Arrestanten vedblivende forholder sig rolig, men er indesluttet og meget ordknap. Arrestanten er ofte blevet truffet grædende saaledes ogsaa i Morges tidlig, da han, idet Vidnet han kom ind til ham, gik grædende op og ned ad Gulvet. Arrestanten klager stadig over, at hans Hoved ikke er godt.

Efter Tilsigelse var mødt:

I.) Vidnet Hans Jensen, Bolleskov, der formanet til Sandhed, forklarer, at i Søndags for 8 Dage siden om Formiddagen kom Konen Marie Jensdatter, der er gift med en Mand med Navn Samuel [5] , som er nærmeste Nabo til Peder Siig, løbende til Vidnets Bolig for at hente

Vidnet paa Grund af at Peder Siig havde hugget Hovedet af sin Kone og var ustyrlig.

Da Vidnet imidlertid ikke var Hjemme, begav Marie Jensdatter sig til Teglbrænder Peder Christian Pedersen [6] og Vidnets Kone til Husmand Bertel Thomsen [7] for at faa disse til at gaa hen til Peder Siig. Bertel Thomsen sendte straks Bud til Vidnet, Hans Jensen som opholdt sig hos Husmand Anders Rasmussen og Vidnet begav sig straks med Bertel Thomsen og Peder Chr. Pedersen til Peder Siigs Hus.

 Men foruden Jens Poulsen, Niels Peter Petersen og Husmand Jens Peter Sørensen var kommet tilstede Husmand Henrik Jensen af Bolleskov og Tjenestekarl Jens Sørensen, der tjener hos Husbestyrer Jens Christian Jensen Fjeldgaard. De sidstnævnte 2 Personer havde Marie Jensdatter tilkaldt paa Tilbagevejen til Peder Siigs Hus. Da Vidnet indtraf ved dette, gik han først hen paa Marken syd for Laden, hvor han saa Liget af Mette Christensdatter ligge paa det Sted, hvor Arrestanten Peder Siig havde afhugget hendes Hoved.

Derefter begav Vidnet sig hen i Gaarden, hvor de førnævnte 5 Personer var tilstede, og saa her, at Arrestanten stod i Vognporten og huggede med sin Skærekniv i et Elletræ. Vidnet spurgte ham, hvad det var for en Gerning, han havde forøvet, men dertil svarede han intet.

Da Vidnet ville gaa ind til Arrestanten, sprang denne op og huggede efter Vidnet med Skærekniven, hvorfor Vidnet slog Porten til. Da han ikke paa anden Maade kunde faa fat paa Peder Nielsen, der vedblev at være ustyrlig, greb Vidnet en Brandhage, som Teglbrænder Peder Chr. Pedersen havde hentet, og søgte med denne, idet Tjenestekarl Niels Peter Pedersen hjalp med at holde Hagen, at virre Arrestanten omkuld. Sidstnævnte huggede med Skærekniven i Brandhagen, men til sidst

lykkedes det dog ved at anbringe Brandhagen om Arrestantens venstre
Ben at faa ham omkuld.

Da Arrestanten stadigvæk ikke ville lægge Hakkelseskniven, som han
holdt med begge Hænder, slog de tilstedeværende ham over Fingrene,
indtil han endelig gav slip.

Han blev derpaa bunden paa Hænder og Fødder, og medens dette
skete ytrede han, at han ikke troede at de Mænd, som bandt ham, ville
tage Livet af ham. For øvrigt forholdt ham sig ganske tavs. Vidnet
løsnede flere Gange Arrestantens Baand og førte ham til hans Hustrus
Lig. Ved dette udtalte ham hver Gang: "Her er Gerningsmanden, Her er
Morderen". Vidnet spurgte ham derfor, af hvilken Grund ham havde
dræbt sin Kone, og hertil svarede han, at han var nødsaget til det. Hun
fik det for sin Nysgerrigheds Skyld.

Arrestanten blev henlagt bunden øst for Huset, indtil Sognefogden
kom tilstede og lod ham transportere til Sæby.

Medens Arrestanten laa bunden, forlangte han at tale med Jens
Fjeldgaard, som ikke var tilstede, uden at han dog omtalte, hvad han
vilde denne. Han fortalte ogsaa, at Christen Hansen af
Bolleskov havde hjulpet ham med at afhugge Konens Hoved. Dette
sidste retter Vidnet til, at Arrestanten sagde, at Christen Hansen var
Skyld i, at Arrestanten havde afhugget sin Kones Hoved.

Jens Fjeldgaard kom først til Peder Siigs Hus, efter at Arrestanten var
afsendt til Sæby. Vidnet kender Jens Fjeldgaard godt og ved, at han,
som ikke ynder Arrestanten, ikke i lang Tid har været i Arrestantens
Hus. Jens Fjeldgaard har fortalt Vidnet, at der Natten mellem Lørdag
den 5. og Søndag den 6. ds. var nogen, der tog i hans Husdør og at han
ved at se ud af Vinduet bemærkede, at det var Arrestanten, som stod
udenfor. Jens Fjeldgaard lukkede dog ikke op for Arrestanten.

Den 6. ds. om Morgenen saa Jens Fjeldgaards Moder [8] , at Arrestanten stod i hendes Søns Rugmark. -

Vidnet, Hans Jensen har kendt Peder Siig og Hustru Mette Christensdatter i mange Aar, endda ogsaa før de blev gift. Mette Christensdatter var mange ældre end Arrestanten og havde 2 Børn af første Ægteskab.

Vidnet har ikke bemærket, Arrestanten var ond imod sin Hustru, hvorimod han nok ved, at han har været irriterlig imod hende, naar han var beskænket. For øvrigt udtalte Mette Christensdatter sig aldrig angaaende hendes Mands Forhold mod hende. Arrestanten har stedse været drikfældig og er bleven det mere og mere de sidste Aar. Han har dog ikke drukket stadig, men kun af og til. Vidnet er kun meget sjældent kommen i Arrestantens Hus, da han, naar han var fuld, var saa urimelig. Naar Arrestanten har været fuld har han jævnlig talt om Fanden. Arrestantens Svigersøn, Hans Christian Andersen [9] , som bor sønden Fjorden, har fortalt Vidnet, at han en Jul har set, at Arrestanten har kastet Penge ud af sit Vindue for at fordrive Fanden.

(Oplæst og vedtaget)

Da blev af Arresten fremstillet Arrestanten, der erklærer, at han kender Vidnet Hans Jensen. Efter at være gjort bekjendt med dennes Forklaring udsiger Arrestanten, at han gerne vil tro, at det forholder sig som af Vidnet forklaret, men han paastaar, at han ikke kan huske andet angaaende de nærmere Omstændigheder ved hans Kones Død og Aarsagen til denne end, hvad han tidligere har forklaret, ligesaa lidt, som han kan huske, hvad der blev foretaget med ham, efter at han havde afhugget sin Kones Hoved.

Arrestanten vedbliver som tidligere at paastaa, at han ikke kan erindre, hvorvidt han Søndagen den 6. ds. eller de foregaaende Dage har drukket Brændevin, Derimod ved han vel, at han tidligere oftere har været beskænket.

(Oplæst og vedtaget) Arrestanten afgivet til Bevogtning.

II) Vidnet Gaardmand Jens Christian Christensen af Meisigen der formanet til Sandhed forklarer, at han i hen ved 30 Aar har kendt Arrestanten Peder Nielsen Siig og dennes afdøde hustru Mette, der var Enke og havde 2 børn, da hun blev gift med Arrestanten, der var mange Aar yngre end hende.

Vidnet ved, at Arrestanten har været drikfældig, navnlig i de senere Aar. Han har vel ikke stadig drukket, men af og til, og har da i Reglen drukket Brændevin i flere Dage i Træk. For øvrigt har Vidnet ikke tidligere erfaret, at Arrestanten har været ond imod sin Kone.

 Lørdagen den 5. denne Maaned om Eftermiddagen indfandt Arrestantens Hustru sig hos Vidnet og bad om at laane 3 Pægle Brændevin til hendes Mand, da denne var syg og havde godt af at faa en Snaps. Mette fik de begærede 3 Pægle Brændevin, med hvilke hun begav sig Hjem.

Om Natten omtrent Kl. 1 kom Arrestanten ind til Vidnet, der laa i sin Seng, idet han om Aftenen havde glemt at aflaase sin Dør.

Arrestanten Peder Nielsen Siig bad Vidnet om at denne ville laane ham sine Heste og Vogn til at hente Præsten. Vidnet vægrede sig derved paa Grund af, at det var Nat, men Arrestanten vedblev sin Begæring og fortalte, at han havde væddet med et Par Personer, at han skulde faa Vidnet til at hente Præsten. Hvis han vandt Væddemaalet, skulde han faa 10 Kroner, hvoraf han vilde give Vidnet de 2.

Paa Arrestantens gentagne Opfordringer stod Vidnet op og gik udenfor efter Arrestanten, som var gaaet i Forvejen. Da Vidnet kom ud, saa han ikke straks Arrestanten, men straks efter kom han gaaende rask hen imod Vidnet, hvem han bad om at være stille og hurtig spænde for.

Vidnet erklærede, at han ikke kunde faa sin Vogn ud, hvortil Arrestanten svarede, at han var tilfreds, naar han blot fik Hestene og Seletøjet. Han gik derpaa bort, men en halve Times Tid efter, da Vidnet atter var gaaet i Seng, vendte han tilbage og bad paany om Heste - nu med tilføjende, at han nu havde faaet en Vogn tillaans.

Vidnet nægtede i midlertidig at efterkomme Arrestantens Begjæring, hvorpaa denne fjernede sig. Arrestanten var tilsyneladende ikke meget beskænket, men Vidnet kunde dog mærke, at han havde faaet mere Brændevin end forsvarligt.

En gammel Aftægtsmand, Steffen Jensen Bjergen i Bolleskov har meddelt Vidnet, at Arrestanten den her ovennævnte Nat ogsaa havde været hos ham og bedt om at laane en Vogn til at hente Præsten, idet han bemærkede, at han kunde faa Heste hos Vidnet.

Søndagen den 6. Formiddagen Kl. 8 kom Arrestantens Kone Mette til Vidnet og afleverede de 3 Pægle Brændevin, hun den foregaaende Dag havde laant, idet hun bemærkede, at den gamle Aftægtsmand Søren Glinvad af Bolleskov den foregaaende Dag i Melholt til hendes Mand havde hentet i en Dunk med 2 Potter Brændevin, hvoraf hun havde taget de 3 Pægle hun her medbragte.

 Mette fortalte tillige, at hendes Mand, som i 8 Dage havde drukket 13 Potter Brændevin, den afvigte Nat havde vækket hende og sagt, at han var sulten . Hun havde opfordret ham til at staa op og selv skære sig Mad. Arrestanten stod ogsaa op og hentede lidt Kød og Ost fra Spisekammeret, som han satte ind paa Bordet i Sovekammeret, hvor han ligeledes hensatte Dunken med Brændevin. Hun antog i midlertidig ikke, at han havde spist eller drukket noget inden han om Natten gik bort.

Efter Mettes udsigende var han først vendt tilbage, da hun var staaet op og gaaet ud for at bringe Kreaturerne paa Marken. Hvad Arrestanten Peder Nielsen Siig videre havde fortaget sig, indtil hun om Formiddagen omtrent Kl. 8 var gaaet til Vidnet, omtalte hun ikke.

Da Vidnet Søndag Middag var kommet tilbage fra Dronninglund Kirkegaard, hvor han havde været tilstede ved Steffen Bjergens Søns Begravelse, erfarede han, at Arrestanten havde aflivet sin Kone Dog gik Vidnet ikke hen til Gerningstedet.

(Oplæst og vedtaget)

III. Vidnet Ugifte Christine Larsen, 40 Aar, der formanet til Sandhed forklarede, at hun, der tidligere havde boet i Øster Hassing, siden November forrige Aar har beboet en Stue i den østre Ende af Peder Nielsen Siigs Hus i Bolleskov. Hun havde lejet Stuen af Peder Nielsen.

Vidnet har intet erfaret om, at Arrestanten lever i daarligt Forhold til sin Kone, der for øvrigt var meget ældre end han. Hun har derimod vel mærket til, at Arrestanten af og til har været svirende, og har dette navnlig været Tilfælde i de sidste 8 Dage før Søndagen den 6. ds., da han ihjelslog sin Kone.

I de nævnte 8 Dage var Vidnet ikke Hjemme om Dagen, men opholdt sig hos sin Slægtning, Aftægtsmanden Steffen Bjergen, hvis Søn var død, men hun kom Hjem til Arrestanten hver Aften, og hun lagde da Mærke til, at han, som hun saa udenfor i Gaarden, var beskænket.

Lørdagen den 5. ds. om Aftenen saa hun ham i Kostalden og ytrede til ham, at hun troede, at han allerede var gaaet i Seng, hvortil han svarede nej, idet han begav sig ind i sin Bolig i Rollingen.

Om Natten Kl. 11 ½ blev Vidnet vækket ved at Arrestanten bankede på hendes Vindue og spurgte om hun sov. Da hun kunne mærke, at han var svirrende, svarede hun slet ikke, hvorefter han bortfjernede sig.

Søndag Morgen Kl. 4 ½ kom Arrestantens Kone, Mette ind til hende og fortalte, at hendes Mand om Natten var staaet op og var gaaet bort uden, at hun vidste hvorhen. Da Vidnet derpaa forlod Huset for at begive sig hen til Steffen Bjergen, hvis Søn den Dag skulde begraves, fulgte Arrestantens Kone med Syd ud for at se efter sin Mand, men hun fandt ham ikke og vendte tilbage til Huset.

Hen paa Formiddagen kom der en Kone ind til Steffen Bjergen og fortalte, at Arrestanten havde aflivet sin Hustru. Vidnet, som blev hos Steffen Bjergen indtil Ligfølget havde spist og var taget bort, kom først Hjem om Eftermiddagen Kl. 3, og da var Arrestanten allerede transporteret til Sæby.

Naar Arrestanten var svirende, talte han altid om Fanden og han saa snart i det ene og snart i det andet Hjørne af Stuen. Han gik og talte med sig selv og ytrede: ”Jeg ser dig nok, jeg ser dig nok”. Saavel afvigte Nytaarsaften som Nytaarsmorgen har Vidnet, der var tilstede i Arrestantens Bolig, set, at Arrestanten gik paa Gulvet og lagde Straa overkors samt med Fingrene slog Kors over Straaende, uden at han dog ytrede noget. Hans Kone Mette var ogsaa tilstede.

(Oplæst og vedtaget)

Arrestanten, som paany blev fremstillet, erklærer, at han kender Vidnet Jens Meisig saavelsom Kristine Larsen, der har boet i Arrestantens østre Stue og skulde betale 8 Kr. om Aaret. Med Hensyn til disse Vidnernes Forklaring, med hvilke Arrestanten blev gjort bekendt, gentager han ligeledes, at han godt vil tro, at de er stemmende overens med Sandheden, men han selv kan ikke huske videre af hvad der er passeret paa den Dag, da han ihjelslog sin Kone og de nærmest foregaaende, end hvad han allerede har forklaret. Han kan derfor heller ikke erindre, at han Natten før sin Kones Død har talt med Jens Meisig eller Steffen Bjergen, ligesaa lidt som han kan huske, at han i afvigte Jul har i sin Stue lagt Straa overkors eller hvorfor han har gjort dette.

(Oplæst og vedtaget) De mødte dimitterede - Arrestanten afhørt.

Dommeren bemærker, at den af Arrestanten omforklarede Jens Christian Jensen Fjeldgaard er tilsagt at møde førstkommende Tirsdag.

Forhøret udsat. Politiretten udsat.

A. Molkte.   A. Lund.   N. C. Astrup.

Sæby Raadhus, Tirsdag, d. 22. Juni 1875

Aar 1875, Tirsdagen den 22. Juni Formiddag Kl. 10 blev Dronninglund Herreds Politiret sat paa Sæby Raadhus og betjent af den ordinære Dommer Kammerjunker Molkte i Overværelse af de tilforordnede Retsvidner, hvor da Sagen blev paany foretaget.

Fremlagt blev Skrivelse til Bolle Sognefoged af 187. ds. med Sognefogdens Paategning af 19. ds. til Jens Christian Jensen Fjeldgaard, der ikke var mødt.

Af Arresten fremstilledes Arrestanten, der paa Anmodning udsiger, at det er bedre med hans Hoved.

Dommeren opfordrede ham til paany at meddele de nærmere Omstændigheder ved Drabet af sin Kone, i hvilken Anledning han forklarer, at han en Morgen, som han ikke nu erindrer, om det var en Søndag eller en Hverdag, gik til Jens Christian Jensen Fjeldgaard, for at faa at vide hvem der kunde være Skyld i at Arrestantens ene Ko havde været syg. Han kan ikke huske, at han, forinden han kom til Jens Fjeldgaard, havde været hos Jens Meisig og SteffenBjergen. Jens Fjeldgaard gik med Arrestanten ud i Rugmarken inde fra sit Hus; om han her læste, erindrer Arrestanten ikke, men medens de stod i Rugmarken, kom 2 Mand - han erindrer ikke, hvem det var - hen til den anden Ende af Rugmarken, hvor de forvandlede sig til en Hugorm og en Slange.

Gjort opmærksom paa, at han tidligere har sagt, at det var Christen Hansen og Christen Clausen, som kom tilstede, erklærer han, at han ikke kan huske dette, ligesaa lidt som han nu kan huske, at Jens Fjeldgaard læste dem bort. Sidstnævnte og Arrestanten begave sig til dennes Hus, hvor Fanden kom til dem. Han gik ind i Gangen i Rollingen og derfra ind i Køkkenet, hvorfra Jens Fjeldgaard drev ham ind i Aflukket bag ved Kjøkkenet og bandt ham sammesteds.

At Arrestanten tidligere har forklaret, at Fanden først blev lukket ind i Laden, kan han ikke huske. Hans Kone kiggede gennem Hullet i Rollingens nordre Væg ind i Aflukket, og hver Gang hun gjorde dette, sagde Fanden til Arrestanten, at han skulde hugge Hovedet sin Kone, da han, Fanden, ellers ville slaa Hovedet af Jens Fjeldgaard og Arrestanten. Da hans Kone nægtede ham gentagne Gange, da bad hende om ikke at se ind gennem Hullet - men vedblev derved - hentede han i Laden sin Skærekniv fra Hakkelseskisten og forfulgte med den sin Kone ud i Marken syd for Laden, hvor han afhuggede hendes Hoved med Skærekniven. Om han holdt denne med begge Hænder kan han ikke erindre, ligesaa lidt som han kan huske, om han saarede hende i Ryggen, forinden han afhuggede hendes Hoved, eller om han gjorde dette, idet han laa paa Knæ.

Arrestanten udsiger, at han ingensinde før den Dag, han slog sin Kone ihjel, har set Fanden eller søgt at skaffe ham bort. Arrestanten gentager idelig og idelig, at han ikke kan huske andet, om at nogen er tilgaaet som nu forklaret, medens han dog tilføjer, at han nok tror, at han var noget forstyrret i Hovedet den paagældene Dag.

Han kan ikke huske, om han de sidste Dage før sin Kones død havde drukket Brændevin, men til andre Tider ved han nok, at han har drukket lidt mere, end han kunne taale. -

Arrestanten fyldte 48 Aar den 12. Februar dette Aar. I et af Krigsaarene under den første Krig blev han den 1st April indkaldt til Aalborg for som Soldat at gemmengaa Skolen sammesteds, men endnu i April blev han syg og indlagt paa Sygestuen for en Sygdom, han havde paadraget sig under Øvelserne. Bl.a. led han, som var tunghør, af Bullenskab i Ørerne. I August Maaned blev ham hjemsendt og blev senere gennem Session kasseret. Arrestanten har derefter oftere følt sig upasselig uden dog at være sengeliggende eller at have søgt Lægehjælp. Han kan ikke opgive nogen, der samtidig med ham var paa Exercerskolen i Aalborg.

--o---

Da saavidt var passeret mødte Vidnet Husbestyrer Jens Christian Jensen af Bolleskov, der formanet til Sandhed forklarer, at han, der er født den 24. Oktober 1850, siden hans Fader Jens Christian Jensen for 5 ½ Aar siden rejste til Amerika, har bestyret dennes Hus i Bolleskov, som bebos af Vidnets Moder, Ane Margrethe Christensdatter og hendes 3 Børn, nemlig Vidnet og 2 Døtre. Huset kaldes Fjeldgaard og er beliggende i Nærheden af Peder Siigs Hus.

Denne mand har Vidnet kendt saalænge, han kan huske, men er kun meget sjælden kommet sammen med ham, da Vidnet ikke yndede ham. Peder Nielsen Siig har i mange Aar været drikfældig og har navnlig haft den Vane at drikke stærkt flere Dage i Træk. Vidnet kender ikke noget nærmere til, hvorledes Forholdet har været mellem Arrestanten, Peder Nielsen Siig og dennes Hustru.

Natten mellem Lørdagen den 5. ds. og Søndagen den 6. ds. Kl. 1 ½ vaagnede Vidnet Jens Christian Jensen Fjeldgaard og hørte, at nogen gik udenfor Huset og talte. Ved at lytte efter hørte Vidnet, at det var Arrestanten, som flere Gange kaldte paa Vidnet og bad ham om at spænde for og køre for Arrestanten. Hvor denne skulde køre hen, hørte Vidnet ikke. Vidnet, som paa Arrestantens Snak kunde høre, at han var beskænket, svarede ham ikke, og efter nogen Tids forløb fjernede Arrestanten sig. Senere har Vidnet ikke set eller hørt noget til Arrestanten, hvorimod Vidnets Tjenestekarl Jens Christian Sørensen Søndagen den 6. om Formiddagen kom Hjem og fortalte, at Arrestanten havde hugget Hovedet af sin Kone.

Vidnet begav sig hen til Arrestantens Hus noget efter Middag, men da var Arrestanten allerede transporteret til Sæby.

Derimod har Vidnets Moder den 6. ds. om Morgenen omtrent Kl. 5 set Arrestanten i Vidnets Rugmark. Arrestanten havde Munden fuld af Rugstraa og gik omkring i Rugen, idet han slog ud med Armene, som om han gennede med noget.

Vidnet har aldrig hørt noget om, at Arrestantens ene Ko afvigte Vinter har været syg og heller ikke har Arrestanten nogensinde henvendt sig til Vidnet, for at faa at vide, hvem der var Skyld i Koens Sygdom. Vidnet har aldrig givet sig af med overtroiske Kunster af nogen som helst

Slags og navnlig ikke med at læse Fanden frem og har aldrig talt med nogle om saadanne Ting.

Han har ikke i over 1 Aar været i Arrestantens Hus. Sidste Gang Vidnet var i Arrestantens Hus var Helligtrekongersaften 1874, da han gik derhen med Arrestantens Stedsøn, Peder Chr. Pedersen og var tilstede da Arrestanten udstedte et Gjældsbevis til Peder Chr. Pedersen for 100 Rigsdaler, som denne havde laant ham.

(Læst og vedtaget)

Arrestanten, som paany blev fremstillet, udsiger, at Vidnet er Jens Chr. Jensen Fjeldgaard, om hvilken han tidligere har forklaret. Efter at været blevet gjort bekendt med, at Vidnet har benægtet paa den Dag, da Arrestanten ihjelslog sin Kone, at have været med Arrestanten i Rugmarken eller hjemme i Arrestantens Hus, erklærer sidstnævnte, at han godt vil tro, at Jens FjeldgaardsForklaring er Sandhed, men Arrestanten kan ikke huske andet end at Jens Fjeldgaard var med ham i Marken og samme hjemme i Arrestantens Bolig paa den Dag, han dræbte sin Kone.

Det staar for Arrestantens Tanker, som om Jens Fjeldgaard ved den nævnte Lejlighed var tilstede, men han antager nok, at dette er urigtigt. Han kan ikke huske, at han om Natten forinden hans Kones Død har været udenfor Jens Fjeldgaards Hus og forlangt, at denne skulde køre for ham. Arrestanten har i mange Aar kjendt Jens Fjeldgaard, og erindrer han, at denne var tilstede, da Arrestanten underskrev et Gjældsbevis for 100 Rdl., som hans Stedsøn Peder Chr. Pedersen havde laant ham. Disse 100 Rdl. har Arrestanten tilbagebetalt sin Stedsøn, af hvem han senere har laant 25 Rdl. paa hvilke han endnu skylder 17 Rdl. [10]

(Læst og vedtaget). Mødte dimitterede - Arrestanten afhørt - Forhøret udsat

Politiretten hævet. A. Molkte.   A. Lund.   N. C. Astrup.

Sæby Raadhus, Tirsdag, d. 29. Juni 1875

Aar 1875, Tirsdagen den 29. Juni Formiddag Kl. 10 blev Dronninglund Herreds Politiret sat paa Sæby Raadhus og betjent af den ordinære Dommer Kammerjunker Molkte i Overværelse af de tilforordnede Retsvidner, hvor da Sagen blev paany foretaget.

Efter Tilsigelse var mødt:

I. Jens Christian Jensens Hustru Ane Margrethe Christensdatter, 63 Aar gl., der formanet til Sandhed forklarer, at hun har boet en Snes Aar i Bolleskov og at hendes Søn Jens Christian Jensen, efter at hendes Mand af samme Navn er afrejst til Amerika, har bestyret hendes Sted i Bolleskov. Vidnet forklarer, at hun vel har kendt Arrestanten Peder Nielsen Siig og dennes Hustru Mette Christensdatter siden de blev gift, men at hun dog ikke har haft megen Omgang med dem [11] .

 Arrestanten har meget sjælden været i hendes Hus. Vidnet har ikke erfaret andet, end at Arrestanten og hans Kone have levet i et godt Forhold med hinanden. Hun har nok hørt omtale, at Arrestanten havde Tilbøjelighed til Drik, men hun har ikke selv haft Lejlighed til at bemærke dette.

Paa den Søndag paa hvilken Arrestanten dræbte sin Hustru, saa Vidnet om Morgenen Kl. 5 fra sin Kostald, hvor hun opholdt sig, at Arrestanten gik i hendes Rug, som ligger nord for Huset, og slog ud med Armene, som om han jagede noget.

Vidnets omtrent 10 Aar gl. Hyrdedreng blev af hende sendt hen for nærmere at se, hvad han foretog sig, og han kom tilbage med den

Besked, at Arrestantens Ører og Mund var fuld af Rugstraa og at han ikke jagede efter nogen bestemt Genstand.

Efter at Arrestanten havde gaaet noget omkring i Rugen, lagde han sig ned i Kanten af denne, saaledes at Hovedet laa i Rugen og Kroppen paa Grønjorden. Da han havde ligget der kort Tid, rejste han sig og truede med Haanden ind imod Rugen, hvorpaa han atter lagde sig. Vidnet bortfjernede sig nu og saa senere ikke noget til Arrestanten. Vidnets Søn Jens Christian Jensen var ikke ude i Marken hos Peder Siig.

Samme Dags Formiddag kom Vidnets Tjenestekarl Jens Chr. Sørensen hjem og fortalte, at Arrestanten havde hugget Hovedet af sin Kone.

Vidnets Søn giver sig ikke af med nogen Slags overtroiske Kunster.

(Oplæst og vedtaget)

II. Vidnet Husmand Samuel Christoffer Hylling Sørensens Hustru Marie Jensdatter af Bolleskov, 25 Aar gl., der under Formaning om Sandhed forklarer, at hun og hendes Mand har boet i Bolleskov siden Paaske 1873, og at deres Hus er beliggende ret øst for Peder Nielsen Siigs.

Vidnet, som ofte har talt med Arrestanten, Peder Siig saavel som med dennes Kone, Mette, har ikke bemærket, at Arrestanten har været ond mod sin Kone, ligesaa lidt som denne nogensinde har beklaget sig over sin Mand.

I den tid Vidnet har kendt Arrestanten, har denne været meget drikfældig, og navnlig har hun, som daglig saa Arrestanten, i den sidste Uge før Søndagen d. 6 d.M. lagt Mærke til, at Arrestanten saa godt som hver Dag i nævnte Uge har været beskænket. Dog var han det kun i svagere Grad, da hun Lørdagen den 5. om Eftermiddagen saa ham. Han stod dengang ved østre Ende af sin Lade beskæftiget med at spænde sine Stude for Vognen, hvormed hans Kone var ham behjælpelig.

Vidnet, som havde hentet Vand fra en Mergelgrav, der ligger paa Arrestantens Mark, spurgte ham, om han skulde til Møller, hvortil han svarede, at han skulde hen at harve for Husmand Henrik Jensen. Vidnet saa, at Arrestanten omtrent Kl. 3 om Eftermiddagen kørte bort og at han kom tilbage igen mellem 7 og 8 om Aftenen.

En halv Timestid derefter indfandt sig hos Vidnet Arrestantens Hustru, der tilbageleverede en Pægl Brændevin, som hun nogle Dage forud havde laant.

Vidnet sad og læste i et gudeligt Skrift, hvilket gav Anledning til, at de kom til at tale om deres Salighedssag og Arrestantens Kone ytrede under denne Samtale, at hun nok troede, at hun kom til Vorherre, naar hun døde. Derimod nævnte hun aldeles ikke sin Mand eller omtalte hvorvidt hun var tilfreds eller ej. Efter Forløbet af et Kvarterstid gik Mette Christensdatter atter Hjem.

Søndagen den 6. ds. om Morgenen omtrent Kl. 7, da Vidnet stod udenfor sit Hus, saa hun, at Arrestanten stod i sin Rugmark og trak Vipperne af Rugen og slog ud med Armene, som om han talte med nogen. Da Vidnet en Timestid senere atter kom udenfor sit Hus, saa hun, at Arrestanten stod paa samme Sted i sin Rug, og at Arrestanten kort efter begav sig ind i sin Lade, og dette var sidste Gang hun saa Arrestanten forinden, han dræbte sin Kone.

Et Kvarterstid efter, at Arrestanten var gaaet ind i sin Lade, bemærkede Vidnet, som hentede Vand fra ovenforstaaende Lergrav, at Mette Christensdatter stod øst for Laden. Da Vidnet troede, at Mette ville tale med hende, blev førstnævnte derfor staaende et Øjeblik. Da Mette, der var lidt pyntet, som om hun havde været i By, ikke kom hen til Vidnet, gik denne videre, og har derefter ikke senere set Arrestantens Hustru i levende Live.

Et godt Kvarter efter at Vidnet var kommet tilbage til sit Hus, indfandt sig hos hende Jens Peter fra Fladkjær med 2 Tørvegravere og fortalte hende, at Peder Siig havde hugget Hovedet af sin Kone.

Vidnet, som først ikke ville tro denne Beretning, paatog sig, da hendes Mand ikke var hjemme, at hente Husmand Hans Jensen af Bolleskov. Hun traf ikke Hans Jensen og begav sig derpaa til Teglbrænder Peder Christian Pedersen fra hvem hun vendte tilbage til sin Bolig. Paa Tilbagevejen traf hun paa Husmand Hans Jensen og Tjenestekarl Jens Sørensen, som ledsagede hende til Peder Siigs Hus.

Da Vidnet kom til sit Hus, saa hun herfra, at Arrestanten gik fra sin Lade over i Rollingen med Hakkelseskniven, og at han kort efter vendte tilbage til Laden. Vidnet begav sig ikke hen til Arrestanten før efter, at denne var bleven overmandet og bunden. Vidnet saa da, at Arrestantens Kone laa med afhugget Hoved paa Marken.

Vidnet har ikke lagt Mærke til, at Arrestanten til Tidspunkter har været sindsforvirret end ikke naar han har været svirende. Og har heller ikke set, at han har gjort Brug af overtroiske Kunster.

(Oplæst og vedtaget)

III. Vidnet Tjenestekarl Jens Chr. Sørensen af Fjeldgaard, der formanet til Sandhed forklarede, at paa en Søndag Formiddag, da han og Henrik Jensen af Bolleskov var beskæftiget med at stakke Tørv, meddelte foregaaende Vidne dem, at Peder Nielsen Siig havde hugget Hovedet af sin Kone.

De begav sig straks til Arrestantens Sted, hvor Vidnet saa, at han fra Rollingen gik over i Laden, idet han holdt en Skærekniv i Haanden og at han i Vognporten i Laden gav sig til at hugge med Kniven mod et Elletræ. Endvidere saa Vidnet, at Hans Jensen og tjenestekarl Niels Chr. Pedersen af Langbak virrede Arrestanten omkuld ved hjælp af en Brandhage.

Efter at det var lykkedes at faa Arrestanten til at give Slip paa Skærekniven ved at slaa ham over Fingrene, blev han bunden og lagt udenfor Laden. Vidnet hørte ikke, at Arrestanten sagde noget, og navnlig ytrede, at han var Morderen.

Liget af Arrestantens Kone laa paa Marken syd for Laden med afhugget Hoved.

Vidnet har hørt Omtale af Arrestanten. Peder Siig var drikfældig og Vidnet har ogsaa enkelte Gange set ham beskænket. Hvorvidt Arrestanten har været svirende i flere Dage før han dræbte sin Kone, ved Vidnet ikke.

Vidnet, som er 21 Aar gl. har nok kendt Arrestanten i flere Aar, men har dog ikke haft noget videre Samkvem med ham.

(Oplæst og vedtaget)

Arrestanten blev derpaa fremstillet og erklærer han efter at have alle 3 Vidner i Øjesyn, at han kender disse og at de er Jens Fjeldgaards Moder Ane Margrethe Christensen, hans Nabo Samuels Hustru Marie og Jens Fjeldgaards Tjenestekarl Jens Christian.

Efter at være blevet gjort bekjendt med det væsentligste af Vidnernes Forklaringer forsaavidt ham angaar, erklærer ham, at han gerne vil tro, at disse var rigtige, men at han ikke kan bekræfte dette, da han ikke nøjagtig kan erindre, hvad der foregik den Dag, han dræbte sin Kone, eller paa de nærmeste forudgaaende Dage. Han kan saaledes ikke huske, at han Dagen før sin Kones Død om Eftermiddagen har talt med Samuels Kone eller at han har været henne for at harve for Henrik Jensen. Derimod forekommer det ham nok, at han paa den Dag, han dræbte sin Kone, om Morgenen var henne i Jens Fjeldgaards Rug, men hvad han bestilte paa dette Sted, erindrer han ikke.

Angaaende Drabet paa hans Kone og de derved forbundne Omstændigheder giver Arrestanten den ganske samme Forklaring, som i Forhøret den 22. ds. - Arrestanten kan huske, at han afhuggede sin Kones Hoved med Hakkelseskniven paa Marken syd for Laden, men han kan fremdeles ikke erindre, om han forinden havde saaret hende i Ryggen med Kniven eller om han havde lagt sig paa Knæ, da han afhuggede hendes Hoved. Han erklærer under Graad, at han havde foretaget den forøvede Misgerning.

(Oplæst og vedtaget) Arrestanten afhørt - C. Mørck dimitterede - Forhøret udsat

Sæby Raadhus, Tirsdag, d. 6. juli 1875

Aar 1875, Tirsdagen den 6. Juli Formiddag Kl. 10 blev Dronninglund Herreds Politiret sat paa Sæby Raadhus og betjent af den ordinære Dommer Kammerjunker Molkte i Overværelse af de tilforordnede Retsvidner, hvor da Sagen blev paany foretaget.

Efter Tilsigelse var mødt:

Vidnet Fæstehusmand Henrik Jensen af Bolleskov, der formanet til Sandhed, forklarer, at han ikke siden 1ste November forrige Aar har opholdt sig stadig i sit Hjem, idet han fra den nævnte Tid har ladet sig fæste som fast Tjenestekarl paa Melholtgaard.

Vidnet har i 7 à 8 Aar kendt Arrestanten Peder Nielsen Siig og dennes Hustru Mette. Han har aldrig mærket andet end, at der var et godt Forhold mellem disse Ægtefolk. Vidnet som bor i Nærheden af Arrestantens Hus, har ofte talt med dennes Kone, uden at denne nogensinde har beklaget sig over sin Mand. Lige saa lidt har Arrestanten nogensinde besværet sig over sin Kone, og Vidnet har ingensinde hørt, at Arrestanten har været ond mod sin Kone.

Derimod er det Vidnet vel bekendt, at Peder Siig navnlig i de senere Aar været stærkt hengiven til Drik. Han har sidst ikke drukken stadig, men naar han først begyndte at drikke Brændevin, blev han gerne ved i flere Dage i Træk.

At Arrestanten har haft Hang til at drive overtroiske Kunster, har Vidnet ikke erfaret.

Arrestanten havde i længere Tid lovet Vidnets Kone at vilde harve Vidnets Kartofler. Dette Arbejde udførte Arrestanten Lørdag den 5. forrige Maaned om Eftermiddagen. Vidnets Kone talte ved denne lejlighed med Peder Siig, der dengang ikke var beskjænket, hvilket Vidnets Kone Bodil Marie Pedersen udtrykkelig har meddelt Vidnet.

Arrestanten har fortalt hende, at han ville til Marked og sælge nogle Kreaturer, for at kunde betale sin Gæld. Da han var færdig med at harve, fik han af Vidnets Kone 2 Snapse i en Kop Kaffe, og derefter endnu en Snaps at drikke. Klokken 6 om Eftermiddagen forlod Arrestanten med sit Køretøj Vidnets Bolig.

Vidnet, som kom hjem fra Melholtgaard den nævnte Lørdag om Aftenen Kl. 9, var Søndagen den 6 f.M. om Formiddagen beskæftiget med at grave Tørv i sin Mark tilligemed Tjenestekarl Jens Christian Sørensen. Medens Vidnet var beskæftiget med dette Arbejde, kom

Gud-Samuels [12] Kone og fortalte, at Arrestanten havde hugget Hovedet af sin Hustru.

Vidnet begav sig straks med Jens Christian Sørensen til Arrestantens Hus, og da Vidnet af de Tilstedeværende bragtes i Erfaring, at Arrestanten opholdt sig i sin Rolling, gik Vidnet ind i denne for at gribe ham. Arrestanten opholdt sig i Køkkenet og havde en Hakkelseskniv i Haanden. Da han gjorde Mine til at vilde bruge denne mod Vidnet, forføjede Vidnet sig ud af Rollingen, hvorefter Peder Siig kom ud i Gaarden og gik ind i Vognporten i Laden, hvor ham med Hakkelseskniven overhuggede et Elletræ, som laa paa Gulvet.

Vidnet hørte ikke, at Arrestanten ytrede noget, uagtet flere talte til ham. Det lykkedes til sidst Husmand Hans Jensen, at faa Arrestanten kastet omkuld ved Hjælp af en Brandhage, hvorpaa han blev bunden, efter at han havde givet slip paa Hakkelseskniven, som Følge af, at Vidnet og flere andre havde slaaet ham over Fingrene med en Kæp.

Vidnet, som holdt Arrestantens Hænder, medens Hans Jensen bandt ham, forføjede derefter bort og har siden ikke set noget til Arrestanten. Vidnet var ikke henne ved Liget af Arrestantens Hustru, som laa paa Marken syd for Laden. -

Paa Anledning bemærker Vidnet, at hans Hustru er meget gigtsvag og kun daarlig kan gaa.

(Oplæst og vedtaget)

Af Arresten fremstilledes nu Arrestanten, som blev gjort bekendt med Vidnets Forklaring. Han udsiger, at det er rigtig, at han og Henrik Jensen har kendt hinanden i 7 á 8 Aar, og at Henrik Jensen har tjent paa Melholtgaard siden November forrige Aar.

Det forholder sig ligeledes rigtigt, at han, som han udtrykker sig: "længe før Gerningen blev gjort" har lovet Henrik Jensens Kone at harve dennes Kartofler, men han paastaar formedeles, at han ikke kan huske, at han har foretaget den lovede Harvning, navnlig ikke at han har udført dette Arbejde Dagen før, han dræbte sin Kone. Han tror forsaavidt gerne, at Henrik Jensens Forklaring i det hele er rigtigt, men han kan ikke erindre, at Henrik Jensen, efter at han, Arrestanten, havde afhugget sin Kones Hoved, har været inde hos ham i Rollingen eller at Henrik holdt hans Hænder, medens Hans Jensen bandt ham. -

Arrestanten fastholder under Graad, at han ikke angaaende Drabet paa sin Kone kan give anden Forklaring end den af ham tidligere gjentagne Gange meddelt.

Paa Anledning bemærker Arrestanten, at han i Reglen har købt det Brændevin, han har forbrugt, hos Købmand Lars Peter i Melholt, og har han snart selv, snart ved Aftægtsmand Søren Glinvad hentet Brændevinen. Denne er i Reglen ikke betalt kontant, men taget paa Regning, og han har da af og til berigtiget sin Skyld hos Købmanden, naar han har faaet Penge.

I Gjeraa Kro har Arrestanten kun sjælden købt Brændevin.

Han kan ikke erindre, hvem den Officer hed, som kommanderede Rekrutskolen, da han var indkaldt som Soldat; derimod kan han nu erindre, at en i Bolleskov boende Husmand ved navn Jens Nielsen Møller af og til besøgte ham, da han laa paa Sygestuen i Aalborg.

(Oplæst og vedtaget) Arrestanten afhørt.

Dommeren bemærkede, at Aftægtsmændene Steffen Bjergen og Søren Glinvad havde været tilsagte til i Dag, men at de ikke vare mødte, formentlig paa Grund af deres høje Alder og Svagelighed.

Forhøret udsat - Politiretten hævet   A. Molkte A. Lund N.C. Astrup

---o---

Modtaget til Indlemmelse: "Til Høivelbaarne Herr Kammerjunker By- og Herredsfoged Molkte! Rapport, Søndag den 3. Juli 1875. Da jeg for 1 Par Dage siden var paa en ... i Dronninglund Sogn, havde jeg Ordre til, at jeg, hvis jeg kom i Bolleskov, da skulde afæske Steffen Bjergen og Søren Glinvad nogen Forklaring om Arrestanten Peder Nielsen Siig.

Der fremstod Steffen Jensen Bjergen, 74 Aar gl., som forklarer paa Anledning, at Natten mellem den 5 og 6 dennes omtrent Kl. 2 kom Arrestanten ind til ham, der laa i Sengen, og bad om at laane en Vogn, da Jens Meisig havde lovet ham Heste og Tøi. Steffen Bjergen svarede, at det kunde han godt faa, thi der stod 2 Vogne i Gaarden og 1 i Laden, og een af dem kunde han faa, naar han kom med Hestene. Arrestanten omtalte ikke, hvem han vilde bringe Vognen til, og kom heller ikke efter den. Steffen Bjergen skjønnede nok, at Arrestanten var noget fraværende, og er det ham bekjendt, at Arrestanten har gaaet og svirret i de Dage.

Derefter fremstod Søren Jensen Glinvad, 77 Aar gl. Han forklarer paa Anledning, at han hentede 2 Potter Brændevin til Arrestanten d. 5. forrige Maaned hos Lars Peter i Melholt. Søren Glinvad betalte ikke Brændevinen, men Arrestanten blev skrevet for det. Videre udsiger Søren Glinvad, at han flere Gange har hentet Brændevin til Arrestanten, men hvor meget kan han ikke huske, thi han i sin høie Alder er meget glemsom. Sluttelig bemærker han, at saavidt han ved, skal Mogens-Berte ogsaa have hentet Brændevin til Arrestanten.

Derefter henvendte jeg mig til Kjøbmand Lars Peter Sørensen af Melholt, der meddelte mig, at Arrestanten var skrevet i Bøgerne for 11

¾ Potter Brændevin, som han har modtaget i Dagene fra den 28. Maj til den 5. Juni dette Aar begge Dage inklusive. Før den 28. Maj har Arrestanten ikke faaet Brændevin siden først i April.

Jeg skal tillade mig, at bemærke, at jeg har forhørt mig paa Gieraa Kro om Arrestanten havde faaet Brændevin der i den sidste Tid, men han har ikke faaet Brændevin der siden tidlig Foraar.

Foranstaaende tillader jeg mig at melde.

    Ærbødigst A Matzen

Sæby Raadhus, Tirsdag, d. 13. Juli 1875

Aar 1875, Tirsdagen den 13. Juli 1875 blev Dronninglund Herreds Politiret sat paa Sæby Raadhus og betjent af den ordinære Dommer Kammerjunker Molkte i Overværelse af de tilforordnede Retsvidner, hvor da Sagen blev paany foretaget:

Fremlagt blev Skrivelse til Bolle Sognefoged af 6. ds. med Sognefogdens Paategning af 8. Juli 1875.

Dommeren bemærker, at da den i Sognefogdens Paategning ommeldte Jens Nielsen Bødker er den paagjældende Person, som vil være at afhøre i Sagen, var denne bleven tilsagt til at møde førstkommende Fredag.

Af Arresten fremstilledes Arrestanten, der paa anledning forklarede, at den af ham tidligere omforklarede Jens Nielsen Møller kaldes Jens Nielsen Bødker og er Søn af Aftægtsmand Niels Nielsen Bødker i Bolle.

For øvrigt vedbliver Arrestanten sin tidligere Forklaring.

(Oplæst og vedtaget) Arrestanten afhørt. - Sagen udsat.

Politiretten hævet.   A. Molkte.   A. Lund.   N. C. Astrup.

Sæby Raadhus, Fredag, d. 16. juli 1875

Aar 1875, Fredagen den 16. Juli Formiddag Kl. 10 blev Dronninglund Herreds Politiret sat paa Sæby Raadhus og betjent af den ordinære Dommer kammerjunker Molkte i Overværelse af de tilforordnede Retsvidner, hvor da Sagen blev paany foretaget:

Efter Tilsigelse var mødt Husmand Jens Christian Nielsen kaldet Niels Bødker af Bolleskov, der næst at bemærke, at hans Fader hedder Niels Møller, forklarer paa Anledning, at han har kendt Peder Nielsen Siig fra Barndom af.

De blev begge samtidig i Foraaret 1850 indkaldt til Militærtjeneste, for at gennemgaa Rekrutskolen i Aalborg. Arrestanten blev kun i kort tid ved Skolen, da han som syg blev indlagt paa Sygestuen i Aalborg. Vidnet besøgte ham under hans Sygdom flere Gange i Hospitalet, men han ved dog ikke, hvori Arrestantens Sygdom bestod.

Arrestanten blev kasseret for Tunghørhed.

Vidnet har ingensinde mærket, at Peder Nielsen Siig har vist Tegn paa Sindsforvirring, hverken i hans yngre Aar eller senere. Derimod har Arrestanten altid været tilbøjelig til Drik, og hans Drikfældighed er navnlig i de senere Aar tiltaget. Efter at Arrestanten var bleven gift med Mette Christensdatter, har Vidnet kun af og til været i Arrestantens Hus. Vidnet har ikke bemærket, at der har været Uenighed mellem Arrestanten og hans Hustru, og efter hvad han har erfaret, har der været et godt Forhold mellem disse Ægtefolk.

Onsdagen før den Søndag, paa hvilken Arrestanten dræbte sin Kone, gik Vidnet til Arrestantens Bolig for at afkræve Arrestanten 35 Rigsdaler, som Vidnet havde tilgode hos ham. Da Vidnet kom til Peder Siigs Hus, saa han, at denne gik over Gaarden ind i Kostalden, og

Vidnet kunne straks se paa ham, at han var beskænket. Vidnet gik ind i Kostalden, hvor han talte med Peder Siig, og uagtet han øjensynlig var beskænket, talte han fornuftig nok.

Han ville ikke indlade sig paa at betale det nævnte Beløb, fordi Gælden efter hans Formening ikke var forfalden. Inden Vidnet gik maatte han gaa med Arrestanten over i Rollingen for at drikke en Snaps. Vidnet traf her Mette Christensdatter liggende i Sengen, og hun erklærede paa Vidnets Spørgsmaal, at hun var syg og navnlig, at hun havde Smerter i Armene og i Ryggen. Det er Vidnet bekendt, at Mette Christensdatter kom sig igen, og at hun de følgende Dage var oppe af Sengen.

Siden den nævnte Onsdag har Vidnet ikke set Arrestanten eller dennes Kone

(Oplæst og vedtaget)

Af Arresten fremstilledes Arrestanten, der blev gjort bekendt med Vidnets Forklaring, mod hvilken han intet har at erindre. Navnlig forholder det sig rigtigt, at han skyldte til en Søster af Vidnets Kone 35 Rigsdaler [13] for en Ko.

Paa Anledning erklærer Arrestanten, at han aldrig har tænkt paa at ville skille sig af med sin Hustru og at han, da han dræbte hende, ikke vidste, hvad han gjorde. Skønt han dog nok kan erindre de nærmere Omstændigheder ved Gerningen og navnlig, at det forekom ham, at han af Fanden blev tvungen til at dræbe sin Kone.

(Oplæst og vedtaget) Arrestanten afhørt - Sagen udsat

Sæby Raadhus, Fredag, d. 23. juli 1875

Aar 1875, Fredagen den 23 Juli Kl. 10 blev Dronninglund Herreds Politiret sat paa Sæby Raadhus og betjent af den ordinære Dommer kammerjunker Molkte i Overværelse af de tilforordnede Retsvidner, hvor da Sagen blev paany foretaget:

Fremlagt blev en Skrivelse fra Pastor Bjerring til Indlemmelse.

Efter Tilsigelse var mødt Husmand Christen Hansen af Bolleskov, der formanet til Sandhed forklarer, forklarer, at han har boet i Bolleskov i hen ved 9 Aar har og flyttede dertil fra Nørresundby. Han har vel kendt Peder Nielsen Siig og Hustru Mette i den tid, han har boet i Bolleskov, men han har kun haft overmaade lidt Omgang med dem og kan derfor intet oplyse angaaende, hvorledes deres ægteskabelige Forhold har været. Det er Vidnet bekendt, at Peder Siig er hengiven til Drik og navnlig af og til drikker sig fuld.

Vidnet har ikke set Peder Siig i de sidste 14 Dagestid før han dræbte sin Kone. Søndagen den 6. Juni d.A. om Morgenen forlod Vidnet sit Hus for at begive sig til Hjallerup Marked, hvor han om Eftermiddagen erfarede, at Peder Siig havde ihjelslået sin Kone. Vidnet er saaledes ikke istand til at meddele Oplysninger om de nærmere Omstændigheder ved Drabet.

Vidnet har intet erfaret om, at Peder Siig har drevet overtroiske Kunster, ligesaalidt som han har erfaret, at Arrestanten har ytret Tegn paa Sindsforvirring.

(Oplæst og vedtaget)

Saa var mødt Husmand Christen Clausen af Bolleskov, der forklarer, at han, som er født i Bolleskov, i mange Aar har kendt Arrestanten Peder Siig, uden dog nogensinde at have haft nærmere Samkvem med ham.

 Vidnet har ikke hørt andet end at der var et godt Forhold mellem Arrestanten og hans Hustru Mette.

Vidnet har vel hørt sige, at Arrestanten var drikfældig, men har ikke selv haft Lejlighed til at bemærke dette. Det er vistnok over et halvt Aar siden, at Vidnet har talt med Peder Siig, og han har ingensinde erfaret noget om, at Arrestanten drev overtroiske Kunster eller har vist Tegn paa Sindsforvirring.

Søndagen den 6. f.M. paa hvilken Dag Peder Siig dræbte sin Hustru, rejste Vidnet om Morgenen til Hjallerup, for at overvære Markedet sammesteds og kan saaledes ikke oplyse noget om de nærmere Omstændigheder ved det begaaede Drab.

(Oplæst og vedtaget)

Af Arresten fremstilledes Arrestanten, der erklærer at han genkender Vidnerne Chr. Hansen og Chr. Clausen, og at det er disse 2 Mand, som det forekom ham, gik ind i Jens Fjeldgaards Rug om Morgenen paa den Søndag, han dræbte sin Kone og som han, paa Grund af at han var forstyrret i Hovedet, mente forvandlede sig til en Hugorm og en Slange. Han ved nu, at saadant ikke var Tilfældet. Han ved ogsaa nu, at det ikke var Fanden, der fik ham til at ihjelslaa, men han vidste hin Søndag ikke bedre, fordi han, som han gentager, var forstyrret i Hovedet. Mod Vidnernes Forklaringer, som Arrestanten forklarer, har han intet at erindre.

Paa Anledning udsiger Arrestanten, at i den sidste Ugestid før han dræbte sin Kone, opholdt sig i hans Hus en Stenkløver ved navn Pedersen, som bor i Pot-Niels's Hus paa en Hedelod under Dronninglund nord for Bolleskov, hvilken Stenkløver var beskæftiget med at kløve Sten, som Arrestanten vilde bruge til Brolægning i sin Gaard.

(Vedtaget og oplæst)

Mødte dimitterede. - Arrestanten afhørt. Forhøret udsat.

Erklæring fra Pastor Bjerring til Indlemmelse:

Til Herredskontoret i Sæby!

Peder Nielsen, Søn af Husfæster Niels Simonsen Siig og Hustru Ane Nielsdatter, er ifølge Dronninglund Kirkebog født i Bolleskov her i Sognet d. 12. Februar 1828 - otte og tyve - døbt d. 3. April s.A og konfirmeret d. 3. April 1842. Hans Vandel hidtil og hans ægteskabelig Forhold til hans Kone er mig ubekjendt.

Lundager Præstegaard, d. 22. Juli 1875   Bang Biering, Sognepræst

Sæby Raadhus, Fredag, d. 30. juli 1875

Aar 1875, Fredagen den 30. Juli Kl. 10 blev Dronninglund Herreds Politiret sat paa Sæby Raadhus og betjent af den ordinære Dommer Kammerjunker Molkte i Overværelse af de tilforordnede Retsvidner, hvor da Sagen blev paany foretaget:

Efter Tilsigelse var mødt Stenkløver og Husmand Lars Christian Pedersen af Kibsgaard Hede, der forklarede, at han har et Hus i Fæste under Dronninglund, hvilke Hus tidligere har været beboet af Pot-Niels. [14]

Vidnet har i Forsommeren dette Aar opholdt sig nogle Dage hos Peder Nielsen Sig i Bolleskov for at kløve Sten, som Peder Siig ville bruge til Brolægning i sin Kostald. Vidnet forlod Peder Siigs Hus Onsdag Aften før den Søndag, paa hvilken Arrestanten dræbte hans Hustru.

I de Dage Vidnet Lars Pedersen opholdt sig hos Peder Sig, nemlig Lørdag Eftermiddag, Mandag Eftermiddag samt hele Tirsdag og Onsdag, var Arrestanten stadig fuld med Undtagelse af Tirsdag

Formiddag, da han ikke kunne faa Brændevin paa Grund af, at der i Øjeblikket ikke var noget i Huset. Skønt Arrestanten var beskænket, talte han fornuftigt og sagde Vidnet Besked om Arbejdet.

 I den Tid Vidnet var tilstede i Huset var der intet at udsætte paa Arrestantens Opførsel imod hans Kone. Paa Vidnets Bemærkning til sidstnævnte om, at det var slemt, at Peder Sig drak saa meget, svarede hun, at det ikke gjorde ikke videre noget, thi naar han var ædru, var han flink til at arbejde.

Den sidste Dag Vidnet var i Huset, altsaa om Onsdagen, laa Arrestantens Kone paa Sengen, fordi hun var upasselig, men hun omtalte ikke, hvad hun egentlig fejlede.

Vidnet, der i øvrigt kun kendte lidt til Arrestanten, har ikke lagt mærke til, at denne, naar han var beskænket, talte om Fanden eller gik og snakkede med sig selv, ligesaa lidt som han har hørt, at han har brugt overtroiske Kunster.

(Oplæst og vedtaget)

Arrestanten, som blev fremstillet, idet han i Vidnet genkender den af ham i forrige Forhør ommeldte Stenkløver Pedersen, og Arrestanten, som blev gjort bekjendt med Indholdet af Vidnets Forklaring, har intet mod denne at erindre. Arrestanten kan huske, at hans Kone den dag i den sidste Uge, hun levede, var syg og en del af Dagen laa til Sengs, og forekommer det ham, at det var en af de Dage, da Vidnet opholdt sig i Arrestantens Hus. I øvrigt vedbliver han sin tidligere Forklaring.

(Oplæst og vedtaget) Mørck dimitterede - Arrestanten afhørt - Forhøret udsat.

Politiretten hævet.   A. Molkte.   A. Lund.   N. C. Astrup.

Sæby Raadhus, Lørdag, d. 14. august 1875

Aar 1875, Lørdagen d. 14. August Kl. 10 blev Dronninglund Herreds Politiret sat paa Sæby Raadhus og betjent af den ordinære Dommer Kammerjunker Molkte i Overværelse af de tilforordnede Retsvidner, hvor da Sagen blev paany foretaget:

Arrestanten der blev fremstillet, forklarede paa Anledning, at Hans Christian Andersen, der er gift med Arrestantens Steddatter Ane Johanne Pedersdatter, tog straks efter sit Giftemaal Ophold i Arrestantens og Hustrus Hus, hvor han blev boende i et Par Aars Tid. Han bestyrede Stedet og var det Meningen, at Arrestanten og Hustru skulde have Aftægt hos Hans Andersen, imod at denne tog Indtægten af Ejendommen. Da Andersen imidlertid havde paadraget sig en Gjæld af 100 Rigsdaler, overtog Arrestanten igen Stedets Bestyrelse imod at tilsvare vedkommende Kreditor det nævnte Beløb, og flyttede Hans Andersen og Kone til Dokkedal i Mou Sogn.

Arrestanten paastod, at han ikke har været ondskabsfuld eller gnaven imod sin afdøde Hustru, ligesaa lidt som han nogensinde har tænkt paa at banke hende, hvortil han heller ikke har haft nogen Grund, da hun, som han udtrykker sig, var god nok imod ham.

Han fastholder, at det staar for ham, at det var Fanden, der truede ham til at dræbe hans Kone, saa at han ikke kunde gøre andet, men han indser nu nok, at saadant har været det i Virkeligheden ikke været Tilfælde, og at han har været forstyrret i Hovedet, da han udøvede Drabet, hvilke han sikkert ikke ville have begaaet, naar han havde været sig selv mægtig.

Han kan nu ikke huske, at det var paa en Søndag, at han huggede Hovedet af sin Kone, ligesaa lidt som han kan erindre, hvad han foretog sig paa de nærmest foregaaende Dage eller om Natten før den Dag, paa hvilken han begik Drabet.

Derimod kan han, som tidligere forklaret, huske, at Stenkløver Pedersen opholdt sig et Par Dage kort før Tid før Drabet, ligesom han ogsaa kan erindre, at hans Hustru paa det nævnte Tidspunkt var syg og laa en Del af Dagen i Sengen.

Arrestanten forsikrer gentagende under Graad, at han angrer den af han forøvede Misgerning.

(Oplæst og vedtaget) Arrestanten afhørt.

Fremstod derefter Arrestforvareren Kallenberg, der forklarer, at Arrestanten i hele den Tid, han har været arresteret, har, efter at han var kommet til sin Fornufts Brug, været meget ordknap og indesluttet og aldrig med Vidnet indladt sig paa anden Samtale, end at han har givet korte Svar paa de til ham rettede Spørgsmaal.

Derimod har Vidnet ofte truffet ham grædende i Arresten, og naar Vidnet har spurgt ham, hvorfor han græd, har ham svaret, at han tænkte paa sin Kone.

(Oplæst og vedtaget) Mødte dimitterede - Forhøret udsat.

Fremlagt var blevet Skrivelse fra Byfogedkontoret i Aalborg af Larsen med 1 Bilag. Skrivelse til Indlemmelse. Bilag til Stadfæstelse.

Bilag: ”Aalborg Byfoged- og Birkedommer- samt Fleskum Herredsfogedkontor, den 10. Aug. 1875. Hermed tillader jeg mig tjenstligt at fremsende udskrift af et Forhør der her i Anledning af behagelig Skrivelse af 3die. d.M er optaget til Oplysning under den mod Peder Nielsen Siig indladede Undersøgelse. - Den medfulgte Forhørsudskrivelse følger hoslagt tilbage. Timm.”

Politiretten hævet.   A. Molkte   A. Lund   J. C. Holth

Sæby Raadhus, Torsdag, d. 26. august 1875

 Aar 1875, Torsdag den 26. August Formiddag Kl. 10 blev Dronninglund Herreds Politiret sat paa Sæby Raadhus og betjent af den ordinære Dommer Kammerjunker Molkte i Overværelse af de tilforordnede Retsvidner, hvor da Sagen blev paany foretaget:

Fremlagt blev en fra Distriktslæge Jacobi modtagen Erklæring dateret 21. d.M til Vedfølge.

Af Arresten fremstilledes Arrestanten, der paany erklærer, at det staar for ham, at det var Fanden, der tvang ham til af hugge Hovedet af hans Kone, fordi hun saa gennem et Hul i Væggen paa hans Hus, indenfor hvilket Fanden stod, og at han ogsaa har udført denne Gerning. Men han kan nu ikke huske, hvorledes det er foregaaet eller de nærmere Omstændigheder ved Drabet, som han ved, han har forøvet, medens han var forstyrret i Hovedet.

Da Dommeren foreviste Arrestanten den i Retten tilstedeværende Hakkelseskniv faldt Arrestanten i Graad. Han erklærede at Kniven var ham tilhørende, men at han nu ikke kan erindre, at han har benyttet den til dermed at dræbe sin Kone, men han nærer dog ingen Tvivl om, at han virkelig har gjort Brug af den ved den nævnte Lejlighed, og at han har hentet Kniven fra Laden, hvor den stadig havde sin Plads paa Hakkelseskisten.

Paa Anledning udsiger Arrestanten, at hans af ham tidligere nævnte Søster Ane Nielsdatter, der er gift med en mand ved Navn Christen og som bor syd for Hou for mange Aar siden har været straffet, nemlig da der var nedsat en Kommission i Dronninglund Herred, men han kan ikke huske, hvorfor hun blev straffet, dog tror han, at det var, som han siger, "for et Barn", eller hvilken Straf hun erholdt.

Dommeren bemærkede, at ifølge Strafregistrets Udvisende er Ane Marie Nielsdatter Siig dømt ved Dronninglund Kommissionsdom af 13. Marts 1843 til 3 Aars Arbejde i Viborg Tugt- og Forbedringshus for Barnefødsel i Dølgsmaal, Tyveri og Hæleri.

Forklaringen oplæst og vedtaget, idet Arrestanten udsiger, Ane Nielsdatters Mand ikke hedder Christen men Mikkel.

Arrestanten afhørt - Forhøret udsat.

Sæby Raadhus, Torsdag d. 28. oktober 1875

Aar 1875, Torsdag den 28. Oktober Formiddag Kl. 10 blev Dronninglund Herreds Politiret sat paa Sæby Raadhus og betjent af den ordinære Dommer Kammerjunker Molkte i Overværelse af de tilforordnede Retsvidner, hvor da Sagen blev paany foretaget:

Fremlagt blev Skrivelse fra Hjørring Amt af 26. ds. med Bilag.:

"Til Kammerjunker, By- og Herredsfoged Molkte, Ridder af Dannebrogen!

Efter at jeg i Henhold til Hr. Kammerjunkers behagelige Skrivelse af 28. August d.A. havde indskudt den med bemeldte Skrivelse fulgte Forhørsudskrift angaaende det af Peder Nielsen Siig d. 6te Juni d.A. paa hans Hustru forøvede Drab, til Sundhedskollegiet, har dette under 20de dennes tilskrevet mig saaledes:

" Med Amtets Skrivelse af d. 1 f.M har Sundhedskollegiet modtaget hermed tilbagefølgende Udskrift af et under Dronninglund Herreds Politiret optaget Forhør i Anledning af, at Arrestanten Peder Nielsen Siig den 6. Juni d.a. har dræbt sin Hustru.

Da Kollegiets Erklæring er begæret saavel angaaende Arrestantens mentale Tilstand i Almindelighed, som navnlig med Hensyn til hans Beregnelighed i Gjerningsøjeblikket, skal Kollegiet tjenstlig bemærke, at det af Akterne fremgaar, at Arrestanten i lang Tid har været drikfældig og navnlig i de senere Aar periodevis hengiven til umaadelig Nydelse af Brændevin, samt at han under slige Perioder har vist umiskjendelig Tegn paa Sindsforvirring med Hallucinationer. Den af Distriktslægen ytrede Anskuelse, at denne Sindsforvirring har beroet paa Anfald af delirium tremens [15] , som er fremkaldt ved og har afsluttet Drankerperioden, finder Kollegiet ikke bekræftet ved de foreliggende Oplysninger, men derimod antager det, at Arrestanten lider af den under Benævnelsen: "periodisk Disharmoni" bekjendte form for chronisk Alcoholisme, der i Paroxysmer [16] kan bryde ud i fuldstændig Afsindighed under en Række Symptomer, som i det væsentlige netop svarer til dem, der her have været tilstede, og de maa ganske sættes ved Siden af en paa hvilken som helst anden Aarsag beroende Sindssygdom. I et hvert Tilfælde er Arrestantens Tilstand i Gjerningsøjeblikket saa tilstrækkelig belyst, at Kollegiet kan erklære det for ganske utvivlsomt, at han da har været fuldstændig afsindig og altsaa utilregnelig.

Kollegiet finder anledning til at henpege paa, at Arrestanten maa anses som en for Samfundet farlig Person, mod hvem det vil være tilraadeligt at træffe Sikkerhedsforanstaltninger."

Hvilket ved Tilbagesendelse af Forhørsudskriftet herved tjenstlig meddeles. Hjørring amt 26. Okt. 1875   Wedell-Wedellsboerg

--o--

Af Arresten fremstilledes nu Arrestanten, hvem foreholdes den under 23. Juli d.A. fremlagte Daabsattest, hvilken Arrestanten erkendte at være ham vedrørende, saa at han altsaa er født i Bolleskov den 12. Februar 1828 og følgelig er 47 Aar og ikke som tidligere forklaret 48 Aar. Han har bestandig opholdt sig i Dronninglund Sogn med Undtagelse af den korte Tid i Aaret 1850, da han var indkaldt som Soldat i Aalborg. Han har ingensinde tidligere været tiltalt eller straffet.

For øvrigt vedholder han sin tidligere Forklaring.

(Oplæst og vedtaget) Arrestanten afhørt.

Dommeren attesterede overensstemmende med de herførte Strafferegistre, at Arrestanten Peder Christian Siig ikke findes kriminaliter tiltalt [17] , dømt eller straffet ved Sæby Kjøbstads og Dronninglund Herreds Jurisdiktion.

Forhøret sluttet - Politiretten hævet

Efterskrift

Efter retsmøderne i Politiretten, hvor skyldsspørgsmålet blev afklaret, gik sagen videre til afsluttende behandling om strafspørgsmålet. Selve dommen blev afsagt d. 23. december 1875 og er indført i Dronninglund Herreds Dombog. En afskrift findes gengivet i Vendsysselske Årbøger, Historisk Samfund for Hjørring Amt 1967, side 12 i en artikel af P. Christensen.

Peder Siig Nielsen blev kendt skyldig i misgerningen, men retten anerkendte Sundhedskollegiets skøn, der ud fra bl.a. vidnernes forklaringer konkluderede, at Peder Siig var sindssyg på gerningstidspunktet og ikke kunne straffes for sin forbrydelse, hvorfor han blev fritaget for straf.

Men da man anså ham til fare for omgivelserne, skulle han sætte i livsvarig forvaring. Peder Siig blev derefter anbragt på Mariager Pleje- og Arbejdsanstalt, som var Randers Amts anstalt for sindssyge.

Peder Nielsen Siig døde dér 72 år gl. den 1. november 1899 på og blev begravet d. 8. november samme år på Mariager Kirkegaard. I kirkebogen fra Mariager står følgende noteret ved hans død: "Under Fattigforsørgelse fra Dronninglund. Hensat efter Dom til livsvarig Forvaring paa Randers Amts Anstalts Sygeafdeling. Enkemand."

[1] Hakkelseskniv

[2] I den håndskrevne tekst i protokollen er der først skrevet "Christian", som er overskrevet og rettet til "Peter"

[3] Obduktionsrapport

[4] Forlod mødet

[5] I.e. Samuel Hylling Sørensen - også kaldet "Gud-Samuel"

[6] En søn af teglbrænder Peder Chr. Pedersen blev gift Hedevig Sørensen, datter af Sine Franzen og Søren Lunden, Ulstedlund i Ulsted Sogn.

[7] Gift med Johanne Franzen - en datter af Lærer Franzen, Gjeraa

[8] Ane Margrethe Christensdatter

[9] Vedkommende er også tidligere omtalt som heddende "Jens Christian Andersen"

[10] Beløbet er bekræftet i skifteprotokollen vedr. skiftet efter Mette Christensdatter.

[11] Mette Christensdatter og Peder Siig stod i 1857 faddere til Ane Margrethes og Jens Christian Fjeldgaards yngste datter, Mine, så det antages, at familierne har haft mere omgang med hinanden tidligere.

[12] Gud-Samuel er den Samuel Hylling Sørensen, som tidligere er nævnt

[13] Ifølge skifteprotokollen var søsteren til vidnets kone enken Mette Marie Olsen, Bolleskov (Steffen Bjergens svigerdatter)

[14] På omslagspapiret er der noteret med småt: "Lars Pedersen i Pot-Niels's Hus i Ørsøe Fj. En Stenkløver kaldet Lars Chr. og Pedersen. ¼ Mil Nord for Bolleskov. Faa Dage af den sidste uge hos Peder Siig." Lars Pedersen var svigersøn til den tidligere afhørte Ane Margrethe Christensdatter i Fjeldgaard. Gift med datteren Margrethe.

[15] Kortvarig sindsforstyrrelse ved alkoholisme med synsforstyrrelse og rysten

[16] Ophidsel, heftig anfald eller pludselig forværring af sygdom

[17] I.e. tiltalt for kriminelle forhold

[18] Kortvarig sindsforstyrrelse ved alkoholisme med synsforstyrrelse og rysten

[19] Ophidsel, heftig anfald eller pludselig forværring af sygdom

Søren Smalbro, borgmester i Hjørring Kommune

Hvem er borgmesteren?

Søren Smalbro er født i 1965 og har de sidste 31 år været gift med Mette. De har fem børn, der nu er blevet unge voksne. Har studeret Regnskabsteknikker på Vejlby Landbrugsskole, Århus Denmark

I 1997 købte de gården "Tangsgård" ved Bjergby, hvor man i dag driver slagtesvineproduktion, lidt kødkvæg og noget tilhørende markbrug. I mange år har Søren Smalbro haft interesse i forskellige former for bestyrelsesarbejde og sidder stadig i koncernbestyrelsen for Danish Agro.

Foruden at være borgmester i Hjørring Kommune er han også landmand i Bjergby, hvor han har gården Tangsgård med svine-produktion.

På spørgsmålet om hvordan får man enderne til at nå sammen når man også har en stor familie med fem børn, der kræver nærhed samt en del bestyrelsesarbejde.

Jeg tror, at det er vigtigt at være tro mod sig selv, og tro på det man siger. Både i medgang og modgang. Vær dig selv og vær ærlig, så er det ikke så svært at nå det hele. Det er også vigtigt at være til stede, der hvor man nu engang er. Det fortjener de mennesker, man er sammen med, fortæller Søren Smalbro.

Søren Smalbro, fortæller inspirerende og levende om sit liv. Om barndommen med fodbold, livet som spejder og hans interesse for folkekirken som ung og senere, hvor han har været i menighedsrådet i Bjergby i 12 år. Om livet som selvstændig landmand med slagtesvin og kødkvæg, og et tilhørende markbrug på 130 ha. I forbindelse med landmandslivet, har Søren Smalbro også været bestyrelsesformand i 11 år for Nordjysk Andel, og han interesserer sig fortsat for bestyrelses- og foreningsarbejde, som han mener, er en vigtig del af demokratiet.

Om ungdommen, hvor kimen til det nuværende politiske arbejde blev sået.

Når der var kommunalvalg, fulgte Søren Smalbro med i alle radio og tv-udsendelser og var uhyre spændt på udfaldet.

Søren Smalbro er medlem af partiet Venstre, I 2013 opstillede han til kommunalvalget i Hjørring Kommune og blev valgt ind i byrådet.

Efter valget i 2017 blev han formand for Teknik- og Miljøudvalget og senere i denne periode desuden valgt til borgmesterkandidat for Venstre. Han var med til at skaffe 5 millioner kroner fra Folketinget til flytning af Rubjerg Knude Fyr, som blev flyttet i 2019.

Året efter blev Søren Smalbro valgt af sit parti som borgmester-kandidat, og ved kommunalvalget i 2021 blev den nye kommunal-bestyrelse sammensat med Søren Smalbro på borgmesterposten fra den 1. januar 2022.

Nu var kommunen for første gang i 31 år blå og ikke rød, og det er jeg rigtig glad for, siger Søren Smalbro.

Kommunalvalget i 2021 blev skelsættende for Venstre i Hjørring Kommune, hvor Venstre efter 31 år igen kan besætte borgmesterposten, og **Søren Smalbro udtaler: jeg har nu den store ære at være borgmester for Hjørring Kommune.**

Søren Smalbro fortsætter: Hjørring Kommune er en fantastisk kommune med masser af muligheder, men også en kommune, der har en lidt stram økonomi og desuden kæmper for at holde befolkningstallet intakt. Hjørring by er i en god udvikling og vil og skal være kommunens naturlige lokomotiv. En udvikling, der ikke må være på bekostning af vores landområder og områdebyerne i øvrigt. En konstant forandringsproces er nødvendig, men også helt naturlig for at have en moderne og attraktiv kommune at drive virksomhed og bosætte sig i. Hjørring Kommune er et meget attraktivt sted at opholde sig i og leve et godt liv i. Det er vigtigt, at vi holder os dette for øje. **Fremtiden kommer helt af sig selv; det er vigtigt, at vi aktivt former den, så den bliver attraktiv og indbydende for beboerne i Hjørring Kommune.**

Den 27.09.2024 skriver Søren Smalbro *Borgmester i Hjørring Kommune følgende:*

Nyt fra borgmesteren

Selvom kalenderen siger efterår, har vi været heldige med flere dejlige sensommerdage i den forgangne måned. Men med efteråret følger også de årlige budgetforhandlinger om kommunens økonomi for de næste fire år, hvilket betyder ekstra travlhed i den kommunale verden. Det gælder naturligvis også i Hjørring Kommune, hvor vi efter første behandling hurtigt kunne træde ind i forhandlingslokalet. Jeg er stolt af, at vi endnu en gang har formået at samle et stort flertal i byrådet om et ansvarligt budget, der tager højde for de udfordringer, vi står overfor de kommende år.

Vi er lykkedes med at lande en aftale uden nye besparelser, selvom vi dog må erkende, at vi tærer på vores kassebeholdning. Med vores økonomiske virkelighed er det svært at holde driftsbudgettet i balance, men vi har lagt et forsvarligt budget, som tilgodeser de mest presserende behov, uden at ramme de områder, hvor det virkelig vil gøre ondt. På længere sigt vil det kræve et stort fokus at sikre økonomisk balance i Hjørring Kommune, men det er desværre den barske virkelighed på mange rådhuse rundt omkring i vores land.

Det tidlige efterår markerer også starten på et nyt studieår. Traditionen tro bød vi de nye studerende velkommen til byen med det festlige Hjørring Live-arrangement, som igen i år var en dag fyldt med mangfoldige aktiviteter. Det er en fantastisk måde at introducere de studerende til vores by, vores virksomheder, institutioner og kulturtilbud. Vejret var heldigvis på vores side, og jeg håber, at de nye studerende føler sig godt modtaget og får nogle gode år i studiebyen Hjørring.

På erhvervsfronten har vi også gode nyheder. I Dansk Industris årlige erhvervsklimamåling har Hjørring Kommune placeret sig som nummer 28, hvor vi tidligere har ligget i det bløde midterfelt. Denne nye placering er vi fast besluttet på både at forsvare og forbedre, og jeg er stolt over vores markante fremgang og taknemmelige for den opbakning, vi har modtaget fra det lokale erhvervsliv. Det viser, at vores indsats virker, og jeg ser frem til at fortsætte dialogen og det gode samarbejde.

Til sidst vil jeg gerne rette blikket mod DM i Skills, som vi er værter for i april 2026. DM i Skills er Danmarks største mesterskab for unge på erhvervsuddannelser, og det bliver en stor glæde at byde velkommen til de mange talentfulde deltagere. En ekstra grund til at glæde sig er, at Danmark netop har vundet en guldmedalje ved Verdensmesterskaberne i Skills for første gang i 13 år – takket være vores egen Kristian Bak Hansen fra EUC Nord, som vandt guld for flisemurer. Vi fejrer ham lørdag inden fodboldkampen mellem VFF og Hvidovre på et forhåbentligt fyldt stadion i Hjørring.

Med disse ord vil jeg ønske jer alle en god weekend. Jeg håber, at mange af jer vil komme og være med til at hylde Kristian på stadion lørdag.

Borgmesteren skal også have fri engang imellem

og derfor er han og Mette og en datter på vej til Stockholm på efterårsferie den 11.10.2024

Jens otto madsen